FUWU CHANGJING ZHONG DE
SHEHUI YAOSU YU GUKE XINGWEI

东北大学"985工程"建设专项经费资助
国家自然科学基金面上项目（71072121）资助
教育部人文社会科学基金项目（09YJC630026）资助
中央高校基本科研业务经费项目（N110406005）资助

服务场景中的社会要素与顾客行为

FUWU CHANGJING ZHONG DE

SHEHUI YAOSU YU GUKE XINGWEI

赵晓煜　曹忠鹏　张　昊　著

经济科学出版社

Economic Science Press

图书在版编目（CIP）数据

服务场景中的社会要素与顾客行为/赵晓煜，曹忠鹏，张昊著．—北京：经济科学出版社，2012.12

ISBN 978－7－5141－2774－4

Ⅰ.①服…　Ⅱ.①赵…②曹…③张…　Ⅲ.①商业服务－研究　Ⅳ.①F718

中国版本图书馆 CIP 数据核字（2012）第 298019 号

责任编辑：李　雪
责任校对：郑淑艳
责任印制：邱　天

服务场景中的社会要素与顾客行为

赵晓煜　曹忠鹏　张　昊　著

经济科学出版社出版、发行　新华书店经销

社址：北京市海淀区阜成路甲 28 号　邮编：100142

总编部电话：010－88191217　发行部电话：010－88191522

网址：www.esp.com.cn

电子邮件：esp@esp.com.cn

天猫网店：经济科学出版社旗舰店

网址：http://jjkxcbs.tmall.com

北京季蜂印刷有限公司印装

710×1000　16 开　13.25 印张　200000 字

2012 年 12 月第 1 版　2012 年 12 月第 1 次印刷

ISBN 978－7－5141－2774－4　定价：43.00 元

前　言

随着经济的快速发展和人们生活方式的改变，我国居民，特别是城市居民的服务消费习惯也在不断变化，享受型服务消费（如主题餐厅、美容美发沙龙、健身俱乐部、高保真影院等）取代功能型服务消费成为消费热点。在享受型消费中，顾客在服务场所停留的时间更长，对服务机构的设施和环境也更为关注，服务场所的环境成为改善顾客体验的重要营销工具。

"服务场景"（servicescape）是对服务场所中经过精心设计和控制的各种环境要素的统称。近年来，服务场景对顾客行为的影响引起了营销学界和业界的广泛关注。由于服务具有生产和消费的同时性，消费者通常是在有形的场景中进行服务的消费和体验，并且通过其中的各类有形线索来推测服务质量。服务场景中的环境因素会对顾客的生理、情绪和认知产生影响，进而影响他们的服务评价和消费意愿。

三十多年来，众多学者针对服务场景的作用和机理展开研究，探查服务场所的外部环境、内部氛围（温度、音乐、气味、颜色）、布局和设计、标识和装饰以及服务人员等环境变量对顾客产生的影响，产生了相当丰富的研究成果，为服务环境管理提供了重要的理论依据和实践指导。然而，已有研究主要聚焦在服务场景中的物理要素对顾客的情绪、认知和行为的影响上，对服务环境中社会要素的重要性仍未给予足够重视，相关研究尚未充分展开。

以阿拉斯泰尔·汤姆斯（Alastair Tombs，2003）提出的"社会化的服务场景"模型为标志，近年来，已经有一些学者针对服务场景中的社会要素展开研究来填补这一理论缺口。然而，通过回顾这些研究可以发现，其中的大多数成果为定性研究，定量研究才刚刚起步；而且在对场景要素认知机理的研究中，偏重于认知的结果（感知质量、感知价值），忽视了认知的过程（知觉、印象）；偏重于场景给顾客带来的功能利益和财务利益，忽视了顾客对心理利益和社会利益的追求。由此可以看出，关于服务场景中社会要素的研究不仅迫切，而且现有研究的不足也为进一步的深入研究提供了足够的空间。

基于这种情况，作者对服务场景中的社会要素与顾客的情绪、认知、社会心理需求和行为意向间的关系进行了深入而系统的研究。基于社会认知理论、自我一致性理论以及场所依恋理论来构建服务场景中社会要素的作用机理模型。揭示了这些社会要素对于顾客的情感价值和社会价值，同时探讨了消费情景变量和社会文化变量对模型的影响。

本书共包括10章。作者对服务场景中社会要素的基本概念和基本理论进行了归纳和总结，在此基础上，又分别对物理性的社会要素（如带有社会意义的氛围要素和设计要素）、人员性的社会要素（包括服务人员和其他顾客）、互动性的社会要素（如服务企业提供的顾客教育和顾客支持等）与顾客的趋避行为、参与行为和公民行为之间的关系进行了理论分析和实证检验。为了更好地利用服务场景中的社会要素来改善和优化顾客的服务体验，提出了基于感性工学的服务场景设计方法，该方法为设计情感化、人性化和社会化的服务场景提供了有效的途径。

本书的研究是对现有以物理要素为焦点的服务场景研究的有益补充，有利于形成对顾客在各类服务场景要素作用下心理机制的全面理解，具有一定的理论价值。同时，相关的研究成果可以帮助服务企业充分利用服务场景中的社会要素这类可控的管理变量来满足顾客的社会心理利益，建立企业与顾客间的情感纽带，形成顾客的忠诚意愿和行为，从而为提升企业绩效和强化核心竞争力提供有益的实践启示。

在本书的出版过程中，得到了经济科学出版社编审人员的大力支持。特别是本书的责任编辑李雪女士亲切而严谨的工作态度和工作作风，给我们留下了极其深刻的印象，她的辛勤工作是本书得以顺利出版的重要保障。在此，我们向李雪女士以及所有为本书出版付出过辛勤劳动的人们表示最诚挚的谢意。

作者

2012 年 11 月

目　　录

第 1 章

服务场景的基本理论

1.1 服务场景的研究意义

进入 21 世纪以来，全球经济由工业经济向服务经济转型的趋势进一步加快，发达国家已经确立了以服务经济为主体的产业结构，其服务业占 GDP 的比重平均达到 70% 以上。改革开放以来，我国的服务业也有了长足进步，1978~2008 年的 30 年间，服务业的平均增速超过了 10%，高于同期国内生产总值的平均增长速度。目前，我国的服务业已经进入一个持续增长、地位提升的发展阶段，正在成为优化产业结构、促进经济增长、扩大就业机会的重要支柱产业。

随着服务业的快速发展和产品营销中服务活动所占比重的持续提升，将服务营销从产品营销中独立出来加以专门研究成为必要。同有形产品相比，服务产品具有无形性、同时性、异质性和易逝性等特点，这就要求对传统的产品营销理论进行发展以满足服务营销新的需要。伯纳德·布姆斯和玛丽·比特纳（Bernard Booms & Mary Bitner, 1981）指出：除了产品（product）、价格（price）、渠道（place）、促销（promotion）等传统的营销要素外，服务环境（physical evidence）、服务人员（people）、服务流程（process）对于成功的服务营销也至关重要。

菲利普·科特勒（Philip Kotler, 1973）用"氛围"（atmospherics）一词来界定经过精心设计和控制的消费环境，并指出它在未来"可能会成为（服务企业间）竞争的主要形式"。他认为，服务场景是指"经过精心设计的服务空间，置身其中的消费者能够获得特殊的情绪感受，并增强消费的意愿"。玛丽·比特纳（1992）用"服务场景"（servicescape）来指代服务场所中经过精心设计和控制的各种环境要素。她指出：由于服务具有生产和消费的同时性，消费者通常是在有形的场景中进行服务的消费和体验，并且通过其中的各类有形线索①来推测服务质量。服务场景中的环境因素会对顾客的生理、情绪和认知产生影响，进而影响他们的服务评价和消费意愿。

近年来，服务场景对顾客行为的影响引起了营销学界和业界的广泛关注。随着经济的快速发展和人们生活方式的改变，我国居民，特别是城市居民的服务消费习惯也在不断变化，享受型服务消费（如主题餐厅、美容美发沙龙、健身俱乐部、高保真影院等）取代功能型服务消费成为消费热点。在享受型消费中，顾客在服务场所停留的时间更长，对服务机构的设施和环境也更为关注，服务场所的环境成为改善顾客体验的重要营销工具。一些知名的服务企业（如星巴克、麦当劳）甚至提出把服务环境作为企业的战略工具，并且通过不断在环境、产品、员工和管理中植入社会和文化元素来改善顾客的体验和感受。

充分发挥服务场景的辅助作用对于成功的服务营销至关重要，服务企业的管理人员应深入了解如何利用各种场景要素来生动、形象地展示企业形象、传达营销信息，充分体现服务的特色和优点，从而为顾客提供良好的服务体验。服务场景的作用主要体现在以下几个方面。

一是服务具有无形性，缺乏消费经验的顾客往往通过服务场所中的各种有形要素来形成对服务企业的初步印象。因此，精心设计的服务场景就是服务产品的精美"包装"，有助于塑造企业形象，传播和展现企业的服务理念，使无形的服务有形化，进而提高顾客的信任感。

二是每个与服务过程有关的有形展示，如服务环境、服务设备和服务人

---

① 这里的"有形线索"并不特指视觉上可见的线索，而是泛指可感知的线索，如气味、温度也属于有形线索。

员，都会影响顾客对服务质量的感知。精心设计的服务场景可以凸显服务企业的特征和优势，引导顾客形成对服务的合理期望，提高顾客对于服务质量、服务利益和服务价值的感知。

三是通过对服务场景进行精心设计，不仅可以为顾客提供良好的消费环境，而且也为服务人员创造了良好的工作氛围，进而鼓励他们为顾客提供优质服务。清晰明确的服务标识和服务说明还有助于员工和顾客明确自己的职责和行为规范，促进员工与顾客之间、顾客与顾客之间、员工与员工之间的沟通和交流，建立良好的服务互动环境。

鉴于服务场景所具有的重要作用，三十多年来，众多学者针对服务场景展开了深入研究，探查服务场所的外部环境、内部氛围（如温度、音乐、气味、颜色等）、布局和设计、标识和装饰、服务人员和其他顾客等环境变量对顾客产生的影响，产生了相当丰富的研究成果，为服务环境管理提供了重要的理论依据和实践指导。

1.2　服务场景的概念内涵及维度构成

服务场景[①]由一系列有形或无形的环境要素构成，玛丽·比特纳（1992）将其归结为三个维度，即氛围因素（如音乐、照明、温度、气味等）、空间布局与功能以及标志、象征和人工制品。朱莉·贝克（Julie Baker，1994）则认为在界定服务场景要素时，除了需要考虑有形或无形的物理因素外，还应考虑人际和社会因素。她指出服务机构的员工以及服务场所中其他顾客的仪表、人数和行为也会影响消费者的感知。因此，她将服务场景划分成氛围因素、设计因素和社会因素（主要指人员因素）三个维度。有学者进一步指出，服务机构的外部特征（如建筑风格和附属设施）也应该作为服务场景的维度，但在关于服务场景的实证研究中，很少有人考虑这个维度

---

① 不同的书籍和学术论文对服务产品的环境要素有不同的称谓，使用频率较高的包括服务场景、有形展示和实体环境等。其中，服务场景已经成为关于服务环境的学术研究中最受认可的通用术语，因此，本书选择该术语来指代服务产品中的各种环境因素。

的影响。

特雷和米尔曼（Turley & Millman，2000）通过对大量服务场景相关研究成果的归纳和总结，将服务场所的环境要素分为五种类型，即室外变量（External Variables）、室内整体变量（General Interior Variables）、布局与设计变量（Layout and Design Variables）、销售现场以及装饰变量（Point-of-purchase and Decoration Variables）和人员变量（Human Variables），各类变量的具体涵义如表1.1所示。

表1.1 服务场景的维度划分

环境变量	变量细分
室外变量	店铺外表、选址、屋顶、停车难易程度、便利程度、入口、展示窗口、建筑风格、周围环境以及交通状况
室内整体变量	室内地面、灯光、音乐、声音、温度、清洁度、墙面材料、颜色使用、过道宽度以及气味
布局与设计变量	空间分配、固定设备、商品分类、人流设计、服务部门分布、收银台的布置、等候的人群以及等候室的布局设计
销售现场以及装饰变量	产品陈列、墙面装饰、海报张贴、标识和卡片、海报、用法说明以及电子信息
人员变量	服务员特征、顾客特征、服务员的服装、店内的拥挤度以及个人隐私

目前，在关于服务场景的理论研究中，玛丽·比特纳（1992）和朱莉·贝克（1994）的维度划分方法使用的较为广泛。

1.3 服务场景研究的理论路径及阶段划分

目前，有学者以不同的服务业态为背景，探索了服务场景对顾客的情绪、认知和行为的影响。通过对相关文献的梳理可以发现，对服务场景作用机理的研究主要遵循以下三条理论路径。一条研究路径以 S－O－R（刺激—机体—响应）范式为依据，以 Mehrabian-Russell 模型（以下简称 M-R 模型）为基础，认为服务环境要素作为外部刺激作用于消费者，使其产生情绪反应并最终引起他们对服务场所的接近（approach）或远离（avoid-ance）行为。尽管 M – R 模型对于研究顾客的环境心理具有重要意义，但不可否认的是情绪（即感性因素）只能对服务场景与顾客行为的关系给出部分解释。因此，一些学者提出以顾客认知（对服务场景的知觉、印象、感知服务质量、感知服务价值等）为中间变量的另一条理论路径，强调顾客通过服务场景中的各种要素形成对其的知觉和印象，进一步形成认知与评价并最终影响其意愿和行为。

由于上述两种路径各有其优点和不足，近年来，为了加深对服务环境与顾客行为之间关系的理解和认识，一些学者对由环境引起的认知反应和情绪反应加以综合考虑，建立了更为全面的服务场景作用机理模型，形成了服务场景研究的第三条理论路径。但对情绪和认知的关系却存在着不同的观点，一些学者认为情绪先于认知产生（Izard，1993），而另一些学者则认为认知先于情绪产生（Lazarus，1999），这种争论目前仍在继续。因格雷德·林（Ingrid Lin，2004）基于完型心理学的相关理论，综合上述两种观点，提出了一种新的服务场景认知模型。他指出：服务场景的刺激先通过认知过程在顾客的头脑中产生知觉、印象，之后进入情感过程使顾客产生特定的情绪，而后再进行第二阶段的认知评价过程。也就是说，消费者对于服务场景的认识是从初级认知（知觉、印象）到情绪，再由情绪到更高层次认知（评价和判断）的渐进心理过程。这也是目前为止最为令人信服的理论模型，本书将以此模型作为建立研究框架的基础。图 1.1 给出了服务场景研究的典型理论路径示意图。

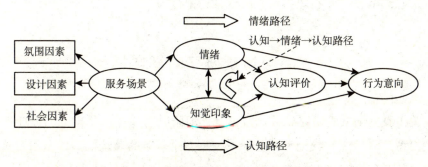

图 1.1　服务场景研究的主要理论路径

通过对国内外相关文献的梳理可以发现，服务场景的相关研究主要经历了三个发展阶段。下面对这三个阶段的研究成果加以简要回顾，在此基础上，归纳出服务场景现有研究的局限性。

第一个阶段以认知心理学和环境心理学为理论基础，主要是就服务场景中单个环境变量的作用或若干环境变量之间的交互作用展开研究。学者们对服务场景中典型的物理性环境变量，如音乐、照明、温度、气味、噪音、颜色、布局、设计的作用机理进行了广泛的研究（Ezeh & Harris，2007；Turley & Milliman，2000）。

第二个阶段则以完形心理学为依据，强调人们对服务场景的认知是在对各类要素的认知进行综合后形成的对服务场景的总体印象。比特纳（1992）和贝克（2002，1996）开创了此类研究的先河，为后续研究奠定了坚实的理论基础（Jang & Namkung，2009；Kim & Moon，2009；Liu & Jang，2009；Wakefield & Blodgett，1999，1996）。上述两个阶段的研究多是探讨服务场景中的各类要素，尤其是物理性的环境要素对顾客的影响。

第三个阶段则是基于社会心理学（尤其是社会认知）的相关理论，强调顾客光顾服务场所不仅是为了满足功能性的消费需求，也是为了满足自己的社会和心理需求，如获得自尊、归属感、社会交往、社会认同、社会支持等。一些学者开始将社会要素，包括被赋予了一定社会意义的物理要素（社会物）和人员要素（社会人），作为服务场景的重要元素加以研究（Hu，2006；Rosenbaum，2007）。强调消费者应用自我概念或其他的社会概念对服务场所中的环境要素进行认知加工（Sirgy，2000），并根据其是否能满足自己的情感需求和社会心理需求来决定其趋避行为。

1.4 服务场景研究的基本模型

关于服务场景的研究成果非常丰富，但研究的起点和基础通常基于服务生产模型、S－O－R模型和服务场景模型几个基础的理论模型，下面对这几个重要的基础模型加以简要介绍。

1.4.1　服务生产模型

埃里克·兰格尔德和皮埃尔·艾格利尔（Eric Langeard & Pierre Eiglier，1987）提出的服务生产模型对服务生产过程进行了系统的描述。服务生产模型将服务区域划分成两种类型：对顾客可见的部分和对顾客不可见的部分，对顾客可见的部分也被称为服务系统的"前台"，是向顾客提供服务利益、创造服务体验的场所。对顾客不可见的部分包括为"前台"服务区域提供支持的"后台"流程、设施和人员。

服务生产模型将顾客视为服务交付系统的内部因素，是服务生产过程的关键组成部分和服务体验的共同创造者，充分体现了顾客在服务生产系统中的核心地位。该模型指出在顾客接触界面上存在四类要素，即物理环境、服务人员、服务区域内的其他顾客以及顾客自己。这四类要素相互作用，给顾客带来不同的消费利益和服务体验。其中，服务人员和服务区域内的其他顾客统称为服务中的社会环境，它和物理环境共同构成了顾客直接可见的服务场景（见图1.2）。

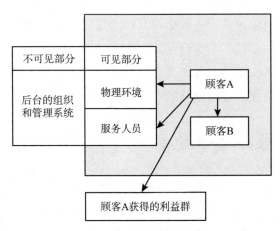

图1.2　服务生产模型

服务生产模型简洁明了地对服务场所中的核心要素进行了归纳，成为进行服务系统分析的重要理论模型和管理工具。

1.4.2 刺激—机体—响应（S-O-R）模型

环境心理学是心理学的一个重要分支，主要研究环境因素对个体或群体的情绪及行为的影响。环境心理学家莫拉比安和罗素（Mehrabian & Russell, 1974）提出了环境心理学中一个极为重要的理论模型，即刺激—机体—响应（Stimulus - Organism - Response，简称 S - O - R）模型。该模型指出环境刺激作用于个体的情绪状态，进而对其的行为产生影响。其中，情绪用愉悦、唤起和控制三个因素来进行衡量，上述三个情绪要素相互组合就会形成不同的情绪状态，并最终决定个体对某个场所的趋近或远离行为（见图1.3）。

图 1.3 S - O - R 模型示意

多诺万和罗斯特（Donovan & Rossiter, 1982）将 M - R 模型应用于零售环境，指出零售环境中的多种环境要素共同构成了对顾客的环境刺激，引起顾客对环境的感知和评价，进而影响其行为反应，即选择接近或远离某个零售场所。他们进一步验证了情绪是环境刺激和顾客行为间的重要中介变量，愉悦或唤起的情绪状态会提升顾客在店内停留或消费的意愿，有助于提升零售企业的绩效并向顾客提供良好的购物体验。

1.4.3 服务场景模型

比特纳（1992）在 S - O - R 模型的基础上提出了在服务营销领域具有重要影响的理论模型——"服务场景"模型，如图1.4所示。她指出：由于服务具有生产和消费的同时性，顾客在接受服务的过程中通常处于特定的服务环境之中，服务场所中的各种环境因素会对顾客的整体服务体验产生影响，这些因素统称为"服务场景"。

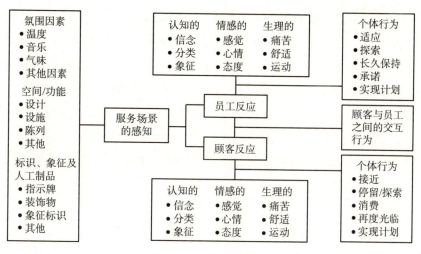

图1.4 服务场景模型

1.5 服务场景中物理要素的研究述评

菲利普·科特勒（1973）用氛围（atmospherics）一词来指代服务场景中那些个体可以通过感觉器官感知到的物理性要素，如音乐、照明、气味、颜色、温度、噪音、清洁度等。已经有大量的研究表明上述物理要素对顾客的心理和行为具有显著的影响。

音乐被认为是最为重要的环境因素之一。研究表明，音乐对消费者的情绪（积极情绪、消极情绪、唤醒水平等）、认知（认知反应的强度、信息加工的深度、记忆、感知产品或服务质量等）、行为意向和实际行为（停留、探索、沟通和消费意愿）均有显著的影响，但其影响机理较为复杂，取决于音乐的音量、音调、节奏和风格，且与受众的个性特点、对音乐的熟悉及偏好程度、对消费的卷入度和具体的消费情景有关（金立印，2005）。

照明也将影响顾客对服务的感知。相关研究表明，理想的照明水平与顾客对亮度的偏好、具体的社会情景、正在进行的活动对视觉注意的要求有关。也就是说，个体都有自己喜欢的基本亮度水平，但在一些特殊的社会情境中（如需要营造浪漫气氛的情侣约会），亮度更低的照明会更受个体的欢迎。另有研究表明服务场所照明光线越亮，个体的生理和心理的唤醒水平就会越高；而在较暗的光线中人们通常有更稳定的情绪状态和更高的生理舒适度。

服务场所中的气味也会对消费者产生直接的影响。米切尔（Mitchell，2006）等人的研究表明，购物环境中的气味是否有利于消费者做出购买决定，取决于该气味和消费者欲购的商品或服务是否协调一致。在协调一致的环境中，消费者会对有关的商品信息进行更为积极和正面的加工。针对零售业的研究发现：购物环境中是否存在芳香气味，对消费者的主观评价和行为表现确实具有显著的影响。在购物（或服务）环境中适当加入一些芳香气味，有助于提高顾客的购买意愿。

颜色包括三个感知维度：色调、亮度和饱和度，研究人员通常根据色调将颜色划分为暖色和冷色。研究表明暖色调（如红色和橙色）具有生理和心理唤醒的功能，甚至使人产生压力；冷色调（如蓝色）则可以使人松弛并缓解压力感。从亮度和饱和度的角度来说，高亮度和高饱和度会使人产生激动的情绪。而较低的亮度和饱和度会使人平静。此外，在等候服务的过程中，暖色调的等候区会延长顾客的感知等候时间。

温度也是影响顾客感知的重要环境变量。随着环境温度的增加，顾客将会变得更加烦躁和易于激动，也更容易发生有悖社会规范的行为。而且，如果服务场景中的温度过低或过高，都会使处于等待状态的顾客感觉时间过得更慢。因此，可以推断人体有一个感觉舒适的温度范围，环境温度偏离这一舒适的范围越多，人们就会产生更强的负面情绪。

研究表明，服务场所的设施和空间布局会对顾客的情绪、满意度、探索行为和企业业绩产生显著的影响。合理的布局可以减少人员及物品的移动，避免拥挤和阻塞，使运作流程平滑运转，避免不必要的混乱。服务场所布局的便利性、舒适度和美感都会影响顾客对服务质量的感知。而且，服务设施的布局也会影响到人们在等待过程中对队列前进速度及排队公平性的感知，例如，同多队方式相比，单队方式由于可以严格的保证先来先服务而使顾客感觉更公平。

近年来，学者们更加关注服务场景中各类物理要素的匹配问题，这里的匹配有双重涵义，既是指物理要素应该与目标顾客的偏好相匹配，又指物理要素之间应该协调搭配共同营造一种和谐的氛围。完形心理学的有关理论指出，个体对服务场景的认知并不是对若干单个场景要素认知的简单组合，而是在对各类要素的认知进行综合后形成的对服务场景的总体印象。因此，要素之间的和谐匹配对于顾客形成正面认知和积极态度具有非常重要的作用。

1.6　服务场景现有研究的局限性

　　服务场景的研究经历了由关注单个要素到关注整体影响；由关注对顾客生理和情绪的影响到关注对其认知和情感的影响；由关注功能价值到关注情感和社会价值的演进过程。尽管关于服务场景的研究已经取得了丰硕的成果，但随着人们服务消费需求的不断变化，对于服务场景要素的研究，尤其是关于服务场景中社会要素的研究仍然存在着理论缺口有待填补，具体分析如下：

　　一是已有的关于服务场景的研究主要探讨服务场所中物理性的环境变量，如音乐、气味、颜色、温度、标识、装饰、设施、设计、布局等对顾客产生的影响。这类研究强调的是环境刺激的自然属性或物理特征，多以认知心理学和环境心理学的有关理论为依据。尽管几篇经典的关于服务场景理论框架的论文都将服务场所中的社会要素作为影响顾客行为的重要因素，但从现有的文献来看，关于这个主题的研究仍然处在探索阶段。而且，在已有的研究中，虽然关注到认知在服务场景与顾客意愿和行为间所起的中介作用，但其对认知的研究多集中在判断阶段（典型的变量是感知质量和感知价值），而忽略了对知觉和印象（记忆）阶段的研究，也就无法建立对服务场景中社会要素作用机理的全面认识。①

　　二是环境心理学的有关研究表明，消费者在服务场所中要进行两类一致性判断：自我一致性判断和功能一致性判断。其中，功能一致性判断是顾客将其对环境的某个特性水平的期望（如服务质量）与自身感知进行比较的结

---

　　① 社会认知理论指出：个体的社会认知包括三个阶段，即社会知觉、社会印象和社会思维。

果，这也是目前服务场景研究中受到普遍关注的问题。但是，对于顾客利用服务场景要素进行自我一致性判断的研究尚未引起人们的重视。现有的研究尽管已经意识到服务场景中的社会要素对于顾客的自我身份判断的重要作用（Rosenbaum，2007），但尚未对不同的消费情境下（个人消费或群体消费、实用型消费或享受型消费等）顾客的自我判断机制进行实证性的研究，尚不了解真实自我、理想自我、真实社会自我和理想社会自我等不同的自我概念如何受服务场景中的社会要素及消费情景的交互影响，这是值得研究的理论问题。

三是以往对服务场景的研究更多关注的是如何满足顾客的功能利益、财务利益和体验利益，较多的采用情绪、感知质量和感知价值作为顾客行为意向的中介变量，但对顾客的社会和心理需求（或称为心理社会利益）关注的不够。社会心理学和环境心理学的相关研究已经表明，顾客光顾某种场所不仅是为了满足自己的功能性需求，也是为了满足自己的社会和心理需求，如自尊、归属感、社会交往、社会认同、社会支持等。而且，一些定性研究发现：消费者的自我一致性判断与自身不同的社会和心理需求间存在着紧密的联系，例如，如果顾客感知形成的"场景印象"与理想自我概念相一致，则会满足其自尊的需求；如果"场景印象"与理想社会自我的概念具有一致性，则会产生社会认同感等。因此，建立顾客的自我一致性判断与其社会心理需求之间的关系也是值得探讨的理论问题。

四是虽然电子商务给企业带来了新的商业机会，但网络交易因缺乏实体商店中面对面的人际互动而被认为缺乏"人际温暖"（human warmth），而且，以往针对网站设计的研究也多集中于探讨如何提高网站使用的功能性、易用性和美观性。近年来，学者们更加注重如何通过在网站中引入情感和社交特征，即在网站所形成的虚拟服务场景中引入社会要素来使顾客产生社会临场感，进而对其心理和行为产生正面的影响。然而，到目前为止，已有研究主要针对留言板、聊天室、虚拟社区、客服邮件等需要投入人力的网站社会要素展开研究，而对通过在网站植入印象性的社会要素（带有特定社会意义的文本、图片、声音等）来影响顾客的情绪、认知和行为还缺乏深入的探讨，尤其是在电子服务领域尚未发现针对此类问题的实证研究。为了加深对这类问题的理解和认识，有必要研究购物网站这类"虚拟服务场景"中的社会要素对顾客的情绪（愉悦和唤醒）、认知（感知有用性、感知产品质量、社会临场感、感知信任）和行为意向所产生的影响，为 B2C 电子商务网站的设计和管理提供有益的启示。

通过上述分析可以看出，关于服务场景中社会要素的研究不仅迫切，而且现有研究的不足也为进一步的深入研究提供了充分的空间。

第2章

服务场景对顾客行为意向的影响

2.1 服务场景在享乐型服务消费中的重要性

近年来，消费场所的环境对顾客行为的影响引起了营销学界和业界的广泛关注。玛丽·比特纳（1992）指出：由于服务具有生产和消费的同时性，消费者通常是在有形的服务场景中进行服务的消费和体验，并且通过其中的各类线索来推测服务质量。服务场景中的环境因素会对顾客的生理、认知和情绪产生影响，进而影响他们的服务评价和消费意愿。

随着经济的快速发展，我国居民的生活方式和消费习惯不断发生变化，消费诉求逐渐由功能型向情感型、享乐型和价值型转换。最早提出享乐型消费理论的莫里斯·胡尔布鲁克和伊丽莎白·赫兹曼（Morris Holbrook & Elizabeth Hirschman，1982）指出：享乐型消费是指持有享乐消费态度的顾客通过使用产品或服务来创造感官的愉悦、激发自我想象以及获得情感上的满足。在享乐型消费中，顾客在服务场所停留的时间更长，对服务机构的设施和环境也更为关注，服务场景成为顾客评价服务质量的重要线索和依据。

本章以在我国快速发展的休闲服务业的典型业态——休闲餐厅为研究背景，以"刺激—机体—反应"（Stimulus - Organism - Response，简称 S - O - R）范式为基础，从情绪和认知两个视角，通过对服务场景与顾客的情绪反应、感知服务质量、感知服务价值和行为意向之间关系的实证研究，验证了"服务场景通过顾客的质量感知和情绪反应来影响他们对服务价值的评价，进而影响其消费意愿和消费行为"的理论推断，对顾客在服务场景要素刺激下的心理机制进行了细致的探索和刻画。

2.2　服务场景影响顾客行为的理论模型

2.2.1　理论模型的建立

服务场景由一系列有形或无形的环境要素构成，玛丽·比特纳（1992）将其归结为三个维度，即氛围因素（如音乐、照明、温度、气味等）、空间布局与功能、标志、象征和人工制品。朱莉·贝克（2002）则认为在界定服务场景要素时，除了需要考虑有形或无形的物理因素外，还应考虑人际和社会因素。她指出服务机构的员工以及服务场所中其他顾客的仪表、人数和行为也会影响消费者的感知。因此，她将服务场景划分成氛围因素、设计因素和社会因素（主要指人员因素）三个维度。

目前，国内外一些学者以不同的服务业态为背景，探索了服务场景对顾客的感知服务质量（谢礼珊，李翠湄，2000）、感知机构形象（Hu & Jasper，2006）、行为意向及实际购买行为的影响（汪旭晖，2008）。通过对相关文献的梳理可以发现，对服务场景作用机理的研究主要采取两条不同的理论路径。一种以 Mehrabian – Russell 模型为基础，强调情绪反应在服务环境刺激与顾客消费行为之间所起的中介作用，这类模型在零售业、旅游业等许多消费情景下得到验证（Donovan & Rossiter，1982；Ryu & Jang，2007）。尽管 M – R 模型对于研究顾客的环境心理具有重要意义，但不可否认的是情绪（即感性因素）只能对服务场景与顾客行为的关系给出部分解释。另一种是以感知服务质量或感知服务价值作为中间变量的理论路径，则强调顾客通过服务场景中的各种要素形成对服务质量或服务价值的评价，进而影响顾客的满意度和行为意向（Ezeh & Harris，2007）。这种理论路径强调认知（即理性因素）的作用。

近年来，一些心理学者指出：为了加深对环境与个体行为意向之间关系的理解和认识，应该对由环境引起的认知反应和情绪反应加以综合考虑。因格雷德·林（2004）结合完型心理学的相关理论，进一步提出了一种新的服务场景认知模型。他指出：服务场景的刺激先通过认知过程在顾客的头脑中产生知觉、印象，之后进入情感过程使顾客产生特定的情绪，而后再进行第二阶段的认知评价。也就是说，消费者对于服务场景的认识是从初级认知（知觉、印象）到情绪，再由情绪到更高层次认知（评价和判断）的渐进心理过程。

基于上述分析，本章从情绪和认知的双重视角，建立了研究的理论模型（如图 2.1 所示），模型假定服务场景对调动顾客的积极情绪有正向的影响，并有利于改善顾客对服务质量的感知。感知服务质量还将进一步强化顾客的积极情绪反应，而且，感知服务质量和情绪反应都会影响顾客的感知服务价值，对服务价值的感知又会进一步影响顾客的行为意向（停留意向、消费意向和重购意向）。下面，对理论模型中所涉及的关键概念及其相互关系的研究成果进行回顾，提出研究假设并为进一步的实证检验提供理论依据。

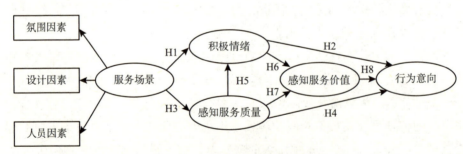

图 2.1　本章研究的理论模型

2.2.2　服务场景、情绪反应与行为意向

探讨服务场景中的各种因素与顾客情绪以及行为意向之间关系的研究成果相当丰富，但已有的研究成果大多仅考虑单个要素（如音乐、气味）或少数几个要素的组合对顾客的影响。但完型心理学的相关理论指出，人们对服

务场景的认知并不是对若干单个场景要素认知的简单组合，而是在对各类要素的认知进行综合后形成的对服务场景的总体印象。比特纳（1992）和贝克（2002）较为系统的研究了各类服务场景因素对顾客情绪所产生的综合影响，弥补了这类研究的不足，并且为后续研究奠定了坚实的理论基础。

在环境心理学的研究中，形成了对情绪构成的不同观点。莫拉比安和罗素（1974）提出可以利用愉悦、唤起和支配（Pleasure-Arousal-Dominance，PAD）三个维度来测度个体的情绪反应。个体对于环境刺激的不同情绪反应是由这三个情绪状态"混合"而成的（类似于构成不同色彩的三元色）。尽管 M - R 模型并非特别针对消费或服务环境，但已有大量的研究证实该模型可以很好地解释不同消费情景下环境对消费者行为的影响（Countryman & Jang，2006；Wakefield & Blodgett，1999）。PAD 量表的优点是简单而直观，但应用该量表测量与消费有关的情绪时会表现出一定的局限性。里钱斯（Richins，1997）指出，由于设计 PAD 量表的初衷并不是为了反映个体的完整情绪体验，因此，无法通过 PAD 得分来判断个体的一些特定情感（如内疚、气愤等）。另有一些学者提出采用分立情绪方法来测量顾客的情绪反应。分立情绪理论的支持者认为人类情绪源于几种相对独立的基本情绪，如恐惧、愤怒、快乐、忧伤等。尽管对于人类基本情绪的构成和分类尚未达成共识，但人们普遍接受了"基本情绪由积极情绪和消极情绪构成"的观点。

在服务业中，情绪反应对顾客的购买决策有重要影响。一些研究表明，积极情绪是正面行为意向的重要决定因素。例如，维克菲尔德和布罗德盖特（Wakefield & Blodgett，1999）对三类不同的休闲消费服务进行了调研，证实服务场景有助于调动顾客的正面情绪，进而使其产生重购意愿和推荐行为。柳纪尚和张守青（Kisang Ryu & Soocheong Jang，2007）对高档餐厅的服务场景进行了研究，结果表明愉悦和唤起都对顾客行为意向有显著影响。莱德哈里（Ladhari，2008）等人以餐饮企业为背景验证了顾客情绪、顾客满意和行为意向的关系。结果表明，积极情绪和消极情绪均通过满意对行为意向产生影响。本章选择休闲餐厅作为收集数据的场所，通过调研发现，在这种特定的消费情境下，顾客的情绪状态多表现为愉悦和快乐，较难捕捉到他们的消极情绪状态，也就无法对其进行测度和研究。另外，鉴于以往研究显示积极情绪对于休闲消费体验具有更为重要的作用，本研究只将积极情绪引入到理论模型中，并提出如下假设：

H1：顾客对服务场景的感知对形成积极情绪有正向的影响；

H2：顾客的积极情绪对其行为意向有正向的影响。

2.2.3 服务场景、感知服务质量与行为意向

M – R 模型是环境心理学中的重要研究成果，但人们也认识到了该模型存在的不足，对该模型仅考虑"环境刺激对情绪反应的作用"提出了质疑，认为其忽视了由环境引发的"认知"反应（Liu & Jang，2009；Jang & Namkung，2009）。在服务消费中，顾客不仅将服务场景作为推测服务质量的有形线索，而且服务场景本身也是服务产品的组成部分，对服务场景的感知能直接影响顾客对服务质量的感知和评价。拉斯特和奥利弗（Rust & Oliver，1994）也指出：顾客对服务质量的感知是以他对设计、装饰等有形服务要素的评价为基础的。

服务提供者都希望服务场景能使顾客产生对服务消费有利的行为意向，如重购意愿、增加消费金额等。一些研究表明顾客对服务质量的感知对其行为意向有正向的影响。泽丝曼尔（1996）等人发现顾客对服务质量的感知与其行为意向紧密相关，感知服务质量是顾客从属或忠诚行为的决定因素。基于上述分析，提出如下假设：

H3：顾客对服务场景的感知对其感知服务质量有正向的影响；

H4：顾客的感知服务质量对其行为意向有正向的影响。

2.2.4 情绪反应、感知服务质量与感知服务价值

（1）感知服务质量与情绪反应

认知心理学的一些研究显示，顾客对于情景的认知评价（如对服务质量的判断）会引发其特定的情绪。因此，可以推断：服务场景一方面直接影响顾客的情绪反应和质量感知；另一方面也会通过感知质量来间接影响顾客的

情绪反应。维克菲尔德和布罗德盖特（1999）认为在享乐型服务消费中，顾客对服务质量的良好感受有利于调动其积极情绪。韦福祥（2003）的研究表明，顾客感知的服务质量会使顾客产生愉悦的情绪，进而提高对服务的满意度。因此，提出如下假设：

H5：顾客对服务质量的感知对其积极情绪反应有正向的影响。

（2）情绪反应与感知服务价值

已有的研究尚未对情绪和感知价值间的关系达成共识。一些研究者认为，情绪是感知价值的一个组成部分。例如，帕特里克（Petrick，2002）开发了一个多维量表 SERV – PERVAL 来测度顾客对于服务的感知价值，该量表将感知服务价值划分为服务质量、情感反应、货币价格、行为成本和声誉五个维度。

更多的研究者认为情绪反应并不是感知价值的组成部分而是其前因变量。例如，约克赛尔（Yuksel，2007）验证了购物环境对情绪、感知价值和购物行为的作用。研究结果表明：购物环境影响顾客的愉悦或唤起情绪。愉悦对顾客感知的享乐型价值和功能型价值均有正向的影响，唤起则仅对享乐型价值有显著影响。刘英华和张守青（Yinghua Liu & Soocheong Jang，2009）也指出：感知价值是顾客对所得和所失进行认知比较后产生的结果，顾客在物理环境的作用下产生的情绪反应将影响这个比较过程，积极情绪有助于顾客达成目标并改善其对产品和服务的评价，消极情绪的作用则正好相反。顾客对环境的积极情绪反应可视为情感性收益，而消极情绪反应则被认为是心理成本。因此，提出如下假设：

H6：积极情绪对感知服务价值有正向的影响。

（3）感知服务质量与感知服务价值

感知价值是顾客对自己从产品和服务中获得的利益与付出的代价进行比较的结果，而质量是顾客利益的重要构成因素。汪纯孝和温碧燕（2001）通过对旅游服务的研究发现：顾客感知的服务质量对其感知价值和行为意向有直接的影响，且通过感知价值对行为意向有间接地影响。埃泽（Ezeh，2007）在其他消费情景下进行的研究也表明顾客感知的服务质量和服务价值间存在着正向的关系。因此，给出如下假设：

H7：感知服务质量对感知服务价值有正向的影响。

2.2.5 感知服务价值与顾客行为意向

在营销文献中，感知价值被认为是建立持久顾客关系的关键因素。对于消费者来说，获得价值是购买的基本目标，也是成功交易的核心所在。如果顾客觉得他们从产品或服务中的所得超出了他们的付出，就有可能在未来重复这种交易行为。因此，感知价值与行为意向之间存在自然的联系，反映了顾客的理性决策过程。大量的实证研究也验证了这种关系的存在。克罗宁（Cronin，2000）等人以六种不同的服务业态为背景，验证了感知价值、满意和行为意向间的关系。艾格雷特和尤拉格（Eggert & Ulaga，2002）提出了两种概念模型来检验感知价值对满意和行为意愿的作用路径，研究发现感知价值既对行为意向有直接的影响，也通过满意对行为意向产生间接的影响。基于上述研究，提出如下假设：

H8：顾客的感知服务价值对其行为意向有正向的影响。

2.3　研究设计与数据收集

2.3.1　调查场所的选取

随着我国经济的高速发展，居民的生活水平不断提高，休闲消费逐渐成为服务消费的热点。休闲消费具有明显的享乐特征，是消费者在平和、宁静的心理状态下，在可自由支配的时间内自主选择某些个人偏好的活动，并从中获得身心愉悦、精神满足及自我实现。作为休闲服务业的一种典型业态，休闲餐饮以全新的用餐理念，融和餐饮、娱乐、休闲、洽谈、表演、健身等多种形式而成为一种时尚，在满足人们口腹之欲的同时，也带给人们新的生活态度、价值观念和行为方式。据大众点评网 2009 年 6 月发布的最新休闲餐饮报告显示：与 2008 年同期相比，北京、上海、广州、杭州和南京五大城市的休闲餐厅商户从 4470 家增加到 6165 家，同比增长 37.9%。

提起休闲餐厅，人们往往会联想起悠扬的音乐、柔和的灯光、幽静的气氛和高雅的装饰。可见，环境对于休闲餐厅经营的成败至关重要。在休闲餐厅就餐的顾客往往通过它的环境要素来认知其倡导的文化和理念，获得独特的感官享受和休闲体验。鉴于休闲餐饮在享乐型服务消费中所具有的代表意义，决定选取休闲餐厅作为开展调查、收集数据的场所。

2.3.2　概念测量

通过对已有研究成果的回顾和总结，设计了受访者自行填答的调查问卷，采用现场调查法收集数据来验证理论模型中的各项假设。问卷包括五个部分：

第一部分测量了被试者对于休闲餐厅服务场景的感知。基于相关文献，针对服务场景的 3 个维度（氛围因素、设计因素和人员因素）选取了 13 个测度指标（Baker, Parasuraman, Grewal, 2002；Ryu & Jang, 2007；Liu & Jang, 2009）。在设计问卷时，注意根据休闲餐饮业的特点对题项进行了情景化的处理。

第二部分要求被访者填写他们对于就餐体验的情绪反应。基于本章 2.2 中所述的原因，只将积极情绪引入到理论模型中。从消费情绪文献中选择了 5 个使用频率较高的积极情绪测量指标，包括快乐、有趣、放松、舒畅和满足（Ryu & Jang, 2007；Jang & Namkung, 2009；Kim & Moon, 2009）。

第三部分测量了被试者的感知服务质量和感知服务价值。在进行问卷设计时，为保证调查质量，需要控制问卷的题项总数。因此，将感知服务质量和感知服务价值都当做单维概念来处理，分别用 4 个操作性指标进行测度。

第四部分行为意向量表中的 4 个题项取自于泽丝曼尔（1996）等人的研究。以上四个部分均采用 7 点制的 Likert 量表进行测量，从非常不同意（1）到非常同意（7）。具体的题项设计可以参见表 2.2。

第五部分是与被试有关的个人信息，如性别、年龄、个人月收入和就餐原因等。

2.3.3 数据收集和分析

从沈阳市区选取了4家中等规模的休闲餐馆,包括1家咖啡厅、1家西餐厅、1家火锅店和1家甜品店,4家餐厅的人均消费在30~100元。调查选在某1周内连续7天的晚餐时间进行,以尽可能的消除样本偏差。调查人员邀请已经用餐完毕等待结账的顾客参与调查,并通过赠送小礼品或与餐厅协商给予顾客一定消费折扣(这部分折扣在调查结束后由调查方支付给餐厅)等方法来提高顾客的参与兴趣。共收集了360份问卷,其中的286份有效问卷用于随后的数据分析,另外74份问卷由于不符合要求而被筛选。

采取两阶段方法,利用 SPSS 17.0 和 AMOS 7.0 软件包进行数据分析。首先,利用 SPSS 中的验证性因子分析(CFA)对测量模型进行检验,探查所采用的观测变量能否较好的反映对应的潜变量。通过计算 Cronbach's α 系数和复合信度来检查测量的可靠性;同时,通过计算标准化的因子载荷及平均方差提取量(AVE 值)对测量模型的收敛效度和区别效度进行检验。在第二阶段,采用结构方程模型(SEM)对所提出的结构模型进行检验,探索在服务场景各类要素的刺激下,顾客的认知因素(感知质量和感知价值)和情感因素(情绪反应)对其行为意向的作用机理。

2.4 数据分析与假设检验

2.4.1 描述性统计

表2.1给出了被访顾客的人口统计特征及就餐原因。在286位提交了有效问卷的参与者中,女性占50.35%,男性占49.65%,二者比例基本持平。从年龄构成来看,年轻化的特征非常明显,体现出当代青年人求新求异,追求享受的价值观。从教育程度和月收入来看,"高知"人群和高收入人群构

成了休闲餐饮的消费主体，反映出随着教育水平和生活水平的提高，人们的消费需求和消费观念的变化和升级。调查还显示，人们到休闲餐厅就餐的主要原因依次为：朋友聚餐、休闲体验、情侣约会、品尝美食和商务宴请等。服务体验成为休闲餐饮中除人际交往以外最为重要的动因。

表2.1　　　　　　　　　　　　　人口统计及就餐原因

人口统计变量	变量取值	人数	百分比（%）
性别	男	142	49.65
	女	144	50.35
年龄（岁）	小于18	12	4.20
	18~25	75	26.22
	26~35	108	37.76
	36~45	65	22.73
	46~55	21	7.34
	55以上	5	1.75
教育程度	专科以下	23	8.04
	专科	79	27.62
	本科	115	40.21
	硕士	57	19.93
	博士及以上	12	4.20
月收入（元）	1000以下	28	9.10
	1000~2000	64	22.38
	2000~3000	85	29.72
	3000~5000	69	24.13
	5000~10000	28	10.49
	10000以上	12	4.20
就餐原因	朋友聚餐	124	43.36
	休闲体验	76	26.57
	情侣约会	45	15.73
	品尝美食	21	7.34
	商务宴请	12	4.20
	其他	8	2.80

2.4.2　测量模型的检验

按照两阶段方法，首先采用验证性因子分析（CFA）对测量模型进行了检验。每个题项（可观测变量）与对应的构念（潜变量）相联系。在分析过程中，允许构念相互关联。

问卷的信度利用 Cronbach's α 系数和复合信度两个指标进行评估。由表2.2 可以看出：7 个构念的 α 值为 0.82 ~ 0.92。均超过了 0.7 的标准，表明量表具有较好的内部一致性。同时，复合信度的取值为 0.79 ~ 0.90，也达到了相应的要求。因此，采用设计的量表可以对潜变量进行可靠的测量。

表 2.2　　　　　　　　　测量模型的验证性因子分析

构念	题项	标准化的因子载荷	Cronbach's α 系数	复合信度	AVE 值
氛围因素	该餐厅播放的音乐使人心情舒畅	0.72	0.82	0.79	0.55
	该餐厅灯光柔和	0.65			
	该餐厅空气清新	0.76			
	该餐厅的温度舒适宜人	0.72			
	该餐厅的环境干净整洁	0.83			
设计因素	餐厅的设计具有特色	0.82	0.86	0.82	0.72
	餐厅的设施为顾客就餐提供了方便	0.84			
	餐厅的设施可靠而舒适	0.81			
	餐厅的装饰具有美感	0.92			
	餐厅的布局合理	0.86			
人员因素	服务人员的仪表整洁得体	0.92	0.87	0.82	0.82
	服务人员看起来训练有素	0.88			
	服务人员的表情善意而友好	0.91			
积极情绪	在该餐厅就餐是快乐的	0.84	0.89	0.86	0.72
	在该餐厅就餐是有趣的	0.86			
	就餐的过程中我感到放松	0.85			
	整个就餐过程我心情舒畅	0.87			
	这次就餐经历让我感到满足	0.82			

续表

构念	题项	标准化的因子载荷	Cronbach's α 系数	复合信度	AVE 值
感知服务质量	餐厅的整体服务质量令人满意	0.91	0.83	0.81	0.77
	餐厅提供的服务达到了我的期望	0.86			
	餐厅能够为顾客提供周到的服务	0.88			
	在餐厅就餐我感到放心	0.87			
感知服务价值	就餐厅提供的服务来说，其价格是合理的	0.91	0.91	0.89	0.82
	在该餐厅消费物有所值	0.92			
	同其他餐厅相比，该餐厅给我带来了独特的享受	0.87			
	总的来说，在该餐厅消费是值得的	0.93			
行为意向	我愿意再次来该餐厅消费	0.96	0.92	0.90	0.83
	我愿意向亲人和朋友推荐这家餐厅	0.92			
	以后来该餐厅我会更多的消费	0.94			
	餐厅的氛围使我愿意多待一会儿	0.82			

　　分析结果还显示，所有题项在其所对应的潜变量上都具有较高的标准化因子载荷（取值为 0.65 ~ 0.96），且均在 0.01 的水平上显著，满足了收敛效度的要求。另外，所有构念的平均方差提取量（AVE 值）都超过了 0.5 的最低要求，表明指标可以解释构念的大部分变差。进一步通过将每个构念的 AVE 值的平方根与构念间相关系数进行比较来检验量表的区别效度。通过表 2.3 可以看出，每个构念的 AVE 值的平方根都要大于构念间的相关系数，区别效度通过检验。综合以上的分析结果可以看出，所设计的测量工具具有较好的信度和效度。

表 2.3　　　　　　　　　　　　　区别效度的分析结果

潜变量	A	B	C	D	E	F	G
氛围因素 A	0.74	—	—	—	—	—	—
设计因素 B	0.42	0.85	—	—	—	—	—
人员因素 C	0.36	0.31	0.91	—	—	—	—
积极情绪 D	0.47	0.38	0.37	0.85	—	—	—

潜变量	A	B	C	D	E	F	G
感知质量 E	0.16	0.43	0.39	0.34	0.88	—	—
感知价值 F	0.24	0.32	0.27	0.42	0.52	0.91	—
行为意向 G	0.23	0.26	0.28	0.44	0.51	0.62	0.91

采用 χ^2 检验和常用的拟合指标对 CFA 模型的总体拟合程度进行了检验。本章中，测量模型的 χ^2 检验显著，表明数据与模型的拟合似乎并不理想。然而，由于在样本量较大时 χ^2 检验通常会趋于显著，因此，进一步采用其他常用的拟合指标，如 GFI、CFI、NFI 和 RMSEA 来帮助判断。各项拟合指标的具体数值为：$\chi^2/df = 1.94$，GFI = 0.92，CFI = 0.96，NFI = 0.92，RMSEA = 0.04。可以看出，拟合度符合相应的要求，数据与模型的拟合程度良好。

2.4.3 结构模型的检验

在验证了测量模型后，进一步采用结构方程模型（SEM）的方法对结构模型进行了检验。结构模型的 χ^2 值为 1026.75，自由度为 384。$\chi^2/df = 2.67$，GFI = 0.91，CFI = 0.92，NFI = 0.89，RMSEA = 0.06。除 NFI 的值比 0.9 的临界标准略低外，所有其他的指标均表明模型的拟合度是可以接受的。

表 2.4 和图 2.2 给出的参数估计结果表明：服务场景的 3 个维度对积极情绪均有显著影响，因此假设 H1 成立。在 3 个维度中，氛围因素对积极情绪的影响最大（$\beta = 0.54$，$t = 7.84$），设计因素、人员因素对积极情绪也有显著影响（$\beta = 0.26$，$t = 4.12$；$\beta = 0.21$，$t = 3.47$）。这与柳纪尚和张守青（2007）的研究结果一致，他们的研究表明氛围因素、设施的美感和服务人员因素可以显著的预测顾客的愉悦或唤起水平。其中，氛围因素对顾客情绪的影响最为显著。

表 2.4 　　　　　　　　　　结构模型的检验结果

假设路径	标准化路径系数	t 值	结论
H1：服务场景→积极情绪	—	—	支持
H1a：氛围因素→积极情绪	0.54	7.84 ***	支持
H1b：设计因素→积极情绪	0.26	4.12 ***	支持

假设路径	标准化路径系数	t 值	结论
H1c：人员因素→积极情绪	0.21	3.47 ***	支持
H2：积极情绪→行为意向	0.18	3.16 **	支持
H3：服务场景→感知服务质量	—	—	部分支持
H3a：氛围因素→感知服务质量	0.07	1.29	拒绝
H3b：设计因素→感知服务质量	0.23	3.54 ***	支持
H3c：人员因素→感知服务质量	0.18	2.96 **	支持
H4：感知服务质量→行为意向	0.14	2.14 **	支持
H5：感知服务质量→积极情绪	0.42	6.32 ***	支持
H6：积极情绪→感知服务价值	0.52	7.43 ***	支持
H7：感知服务质量→感知服务价值	0.61	10.24 ***	支持
H8：感知服务价值→行为意向	0.66	12.59 ***	支持

注：*** 表示 p < 0.001。

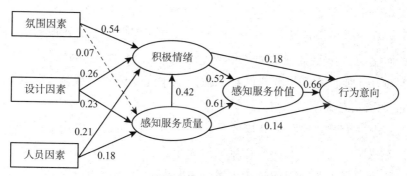

图 2.2　结构方程模型中的参数估计结果

分析结果还表明积极情绪是顾客行为意向的关键决定因素，上述结果与张守青和南宫永（2009）的研究结果一致，他们的研究证实积极情绪对行为意向的影响是显著的。

假设 H3 仅得到部分支持。分析结果显示：设计因素（β = 0.23，t = 3.54）和人员因素（β = 0.18，t = 2.96）对感知服务质量有显著影响，而氛围因素对感知质量的影响不显著（β = 0.07，t = 1.29，在图 2 中用虚线表示）。设计因素和人员因素都是可见的环境因素，因而可以看出顾客更多是通过服务场景中的有形要素来推测服务质量。根据参数估计的结果，设计因素对感知质量的影响要略大于人员因素。

感知服务质量对行为意向有正向影响（H4）和积极情绪对行为意向有正向影响（H5）的假设均得到数据分析结果的支持。而且由分析结果可以看出：积极情绪对顾客行为意向的影响比感知服务质量更强，说明在休闲消费中"感性因素"所起的作用似乎更为明显。

H6 ~ H8 均得到数据的支持，而且通过图 2.2 中的参数可以看出，积极情绪和感知服务质量不仅对行为意向具有直接影响，还通过感知服务价值对行为意向产生间接影响。因此，可以推断感知服务价值在上述关系中起中介作用。同理，也可以假定感知服务质量在服务场景因素和积极情绪间起中介作用。下面，对上述中介效应进行检验。

2.4.4　感知服务价值中介效应的检验

根据巴伦和肯尼（Baron & Kenny，1986）的建议，在预测变量和结果变量间存在中介效应需满足以下四个条件：预测变量应显著影响假定的中介变量；假定的中介变量应显著的影响结果变量；预测变量显著影响结果变量；当在预测变量和结果变量间加入假定的中介变量后，预测变量和结果变量间的关系强度显著降低或消失。

为了进一步验证检验感知服务价值在积极情绪与行为意向、感知服务质量与行为意向之间所起的中介作用，对模型进行了以下的处理：通过限制感知服务价值和行为意向间的直接关系（在结构方程模型中设定其路径系数为0，称为约束模型）对结构模型进行重新评估，如图 2.3 所示。

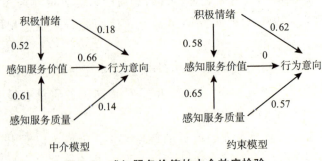

图 2.3　感知服务价值的中介效应检验

　　前三个条件在初始的结构模型中已经满足，积极情绪对顾客行为意向和感知服务价值均有显著影响（H2，H6）。感知服务价值对行为意向也有显著影响（H8）。如果初始中介模型中积极情绪与行为意向间的参数估计不显著（完全中介）或同约束模型相比显著性降低（部分中介），则第 4 个条件也得到满足。由图 3 可知，由于中介模型中积极情绪和行为意向间的路径系数（$\beta = 0.18$，$t = 3.16$）显著低于对应的约束模型系数（$\beta = 0.62$，$t = 9.68$），表明感知服务价值在积极情绪和行为意向间起部分中介作用。同时，约束模型（$\chi^2 = 1415.06$）和中介模型（$\chi^2 = 1308.45$）间 χ^2 值的差异也是显著的（$\chi_1^2 = 106.61$，$p < 0.01$），表明中介模型是对约束模型的改进，即感知服务价值的部分中介效应显著。同理，可以验证感知服务价值在感知服务质量与行为意向间也起中介作用。

2.5　本章研究的理论贡献与实践启示

　　本章以日益兴起的享乐型服务消费为背景，以休闲餐厅为具体研究情景，从情绪和认知两个视角，采用实证研究方法对服务场景与顾客行为意向之间的关系进行了检验。研究结果表明：服务场景对调动顾客的积极情绪、提高顾客的感知服务质量和感知服务价值有显著的影响。此外，积极情绪、感知服务质量和感知服务价值均会影响顾客餐后的行为意向。其中，感知服务价值对行为意向的影响最为显著，并且在情绪反应与行为意向、感知服务质量与行为意向的关系中起中介作用。研究结果揭示了顾客在服务消费中从认知（感知服务质量）到情绪（情绪反应）再到更高层次认知（感知服务价值）的渐进的心理过程，提供了对服务场景与顾客行为意向之间关系更为全面的理解，其理论和实践意义概括如下：

　　第一，服务场景通过情绪和认知两条路径对顾客的行为意向产生影响，对服务场景中各类要素的正面感知将有利于调动顾客的积极情绪、增强顾客对服务质量的认同，进而产生有利于服务企业的行为意向。该结论为休闲餐厅的管理者提供了新的管理视角，强调将舒适宜人的服务环境作为吸引和保持顾客的重要营销手段，更好地满足顾客的享乐型需求，提升顾客对餐厅的感知价值。

全球休闲餐饮业的典范——星巴克咖啡更是将服务环境作为自己的核心竞争能力。在星巴克，顾客可以聆听美妙的音乐、嗅到咖啡的醇香、感受柔和灯光营造的浪漫气氛（氛围因素）；可以根据自己的需要灵活的调整桌椅的位置和布局、坐在舒适的沙发上品味餐厅内精美饰物的文化内涵（设计因素）；服务人员的得体仪表、友好态度和高超技能也给顾客带来难忘的交互体验（人员因素）。通过营造温馨优雅的服务氛围，星巴克在全球取得了空前的成功。但随着近年来星巴克实施快速扩张战略，逐渐忽视了对服务环境的建设和管理，一些星巴克门店的服务环境流于平庸，因而饱受顾客的非议，导致经营绩效下滑、品牌价值流失。这一事例刚好从正反两方面说明了服务场景对于享乐型消费的重要意义和作用。

第二，服务场景的三类构成要素均对顾客的情绪和质量感知有显著的影响。其中，氛围要素对顾客情绪的影响最为显著，意味着氛围要素是调动顾客积极情绪最为有效的手段。由于休闲消费具有明显的享乐型特征，管理者应充分利用各种氛围要素给顾客带来满足感，通过引发顾客的积极情绪、抑制其消极情绪来提升顾客的重购意愿。设计要素对顾客情绪和质量感知的影响均较为显著，因此，管理者在注重氛围要素的基础上，还应着重考虑设施的布局、功能性和美学特征，尽可能地为顾客提供便利和舒适的消费环境。员工作为服务场景中的社会元素，其仪表和行为是体现企业形象、影响顾客内部反映的重要线索。管理者应当要求员工在工作时间注意保持仪表的整洁得体及行为的友好专业。另外，还应注意保持各类服务场景要素与服务机构整体形象的协调和统一，使顾客通过有形线索建立良好服务感知的效应达到最大化。

第三，感知服务价值在顾客情绪与行为意向，以及感知质量和行为意向间起中介作用。这一结论对顾客在服务场景要素刺激下的认知模式进行了更为细致的刻画，诠释了在服务场景的作用机理模型中同时引入情绪因素和认知因素的意义和价值。同时，上述研究结果也说明由服务场景引发的积极情绪和对质量的感知都是顾客价值的重要驱动因素，是顾客感知利得的重要来源，也是顾客进行情感价值和功能价值判断的重要依据，对顾客衡量服务价值有重要的影响。由于已经有大量研究表明感知价值是顾客忠诚行为最有效的预测指标，因此可以推断服务场景可以作为引发顾客忠诚行为的有力营销工具。

第四，尽管本研究具有一定的理论和实践意义，但在研究设计中仍然存在一定的局限性有待今后改进。首先，由于调查仅限在沈阳地区进行，使研究结论的普适性受到了限制。为了保证外部效度，未来应该在更广泛的地区通过更具代表性的抽样调查做进一步的研究。其次，本研究并没有对顾客进入餐厅时的初始情绪进行控制，而这种初始情绪状态可能会影响到顾客对于服务场景的感知及随后的情绪反应。为了提高模型的准确性，考虑在未来的研究中探查初始情绪状态如何对服务场景与顾客行为意向间的关系产生影响。最后，本研究只考虑了服务场景对于积极情绪的影响。这是因为研究者发现在休闲餐厅这种消费情境下，顾客的情绪状态普遍比较愉悦和快乐，较难捕捉到他们的消极情绪状态，也就无法对其进行测度和研究。未来可以通过设计"服务失败"等消费情境进一步对消极情绪、感知服务价值和顾客行为意向间的关系进行研究。

从本质上来说，享乐型消费很大程度上是一种"感性"消费，具有明显的"趋优"特征，顾客愿意为获得独特的体验和享受而承担更高的价格。本研究为享乐型服务业的管理者提供了新的管理视角，强调将舒适宜人的服务环境作为吸引和保持顾客的重要营销手段，更好地满足顾客的享乐型需求，提升顾客的感知价值，培养顾客对企业的忠诚意愿和忠诚行为，使企业获得持续的竞争优势。

▶▶▶▶▶▶▶▶▶

本章实例：麦当劳以环境和服务制胜

麦当劳是全球规模最大、知名度最高的快餐集团，在全世界120多个国家和地区已经开设了3万多家餐厅。麦当劳将自己的企业理念和经营方针概括为"QSCV"（Quality, Service, Cleanness, Value），即麦当劳为人们提供品质优良的餐饮、体贴周到的服务、整洁温馨的环境和物有所值的体验。

QSCV 中的 S 代表服务（Service）。麦当劳的服务人员谦恭有礼，顾客在就餐的过程中，服务人员会始终面带微笑，并在顾客需要的时候及时帮助顾客解决问题。在中国开设的麦当劳餐厅几乎都设有儿童乐园，还为儿童提供了专用的洗手池和桌椅，让儿童体会到在麦当劳就餐的乐趣，对孩子形成了很强的吸引力，也增强了成年顾客的忠诚度。

为了让顾客在所有的麦当劳餐厅都能享受到相同的服务，麦当劳制定了统一的服务标准。对服务人员的外貌着装、行为举止和服务流程都做了严格的规定，向员工传授调整心情的方法，使他们能更好地完成标准化的服务工作。

QSCV 中的 C 代表清洁、卫生（Cleanness）。麦当劳的餐厅永远是窗明几净、整洁舒适，桌子及时清洁，地面及时清扫，从厨房到门前的人行道，处处体现了麦当劳对清洁的重视。提供清洁优雅的环境，是麦当劳追求的目标。麦当劳餐厅布置典雅，播放轻松的音乐，适当地摆放一些名画或卡通玩具，使顾客在用餐之余还能得到优美的视听享受。

麦当劳餐厅在努力营造一种轻松、愉快的气氛。餐厅门口的红鼻子麦当劳叔叔、室内五光十色的装饰物、墙上张贴的吸引少年儿童的图画、洗手间里定期更换的幽默故事等，让人感到麦当劳不是单纯的推销食品，同时也在出售情感，使顾客倍感亲切、其乐融融。

麦当劳餐厅内的布置也独具匠心，餐桌和餐椅灵活的搭配，分割出不同的就餐空间，有单人的、有双人的，也有多人的，营造出适合于私人交谈的气氛。顾客无论是喜欢宁静，还是喜欢热闹，都可以找到一方适合自己的天地。

麦当劳在世界各地的店面都是按照总部制定的标准进行统一的装修，从建筑风格和内部格局都保持了麦当劳独特的品牌个性。同时，麦当劳在保持装修标准化的原则下，也会适当融入当地的建筑和文化元素，以便更好地满足顾客的心理需求。

（资料来源：肖建中．麦当劳大学（第2版）[M]．广州：广东经济出版社，2010）

第 3 章

服务场景中社会要素的基本理论

3.1 服务场景中社会要素的重要性

服务场景中的社会要素（social cues）既包括具有特定社会意义的物理要素，即所谓的"社会物"，如装饰物、装饰画、特定的标识、背景音乐（歌词和风格）等（Hu, 2006；Rosenbaum, 2005, 2006, 2007）；也包括场景中的人员要素，如服务人员和其他顾客，即所谓的"社会人"（Rosenbaum, 2007；金立印，2008；汪涛，2006；Baker, 2002）。近年来，人们已经逐渐认识到在服务消费，特别是享受型和社交型服务消费中，顾客更加关注服务场景中的社会要素。著名的环境心理学家哈罗德·普鲁斯汉克斯（Harold Proshanksy, 1983）指出：任何的实体环境同时也一定是一个社会、文化和心理环境。美国的城市心理学家奥登伯格（Oldenburg, 1999）在《绝好的地方》（*The Great Good Place*）一书中曾指出：现代人需要有非正式的公共场所（如咖啡厅、酒吧、美发沙龙、书店等）供他们交友、聊天、聚会、暂时抛开家庭和工作的压力，寻求精神上的慰藉和解脱。而且，一些服务企业在实践中也已经意识到了社会要素的重要性，一个典型的例子是我国某些大城市中经常有外籍顾客光顾的休闲场所会长期在店内悬挂顾客祖国的国旗以表示对他们的欢迎，并使其产生心理上的认同感和归属感。这些观点和事例都清晰的证实了社会要素对于顾客体验的重要意义。

以汤姆斯和麦克考尔－肯尼迪（Tombs & McColl－Kennedy，2003，2004）提出的"社会性服务场景"（social-servicescape）模型为标志，近年来，已经有一些学者针对服务场景中的社会要素展开研究来填补这一理论缺口（Hu，2006；Rosenbaum，2005，2006，2007；Tombs & McColl－Kennedy，2003，2004；Baker，2002）。然而，通过回顾这些研究可以发现，其中的大多数成果为定性研究，定量研究才刚刚起步；而且在对场景要素认知机理的研究中，偏重于认知的结果（感知质量、感知价值），忽视了认知的过程（知觉、印象）；偏重于场景给顾客带来的功能利益和财务利益，忽视了顾客对心理利益和社会利益的追求。由此可见，关于服务场景中社会要素的研究十分迫切，且具有广阔的研究和应用空间。

3.2　服务场景中社会要素的研究述评

通过前面的文献回顾可以看出：现有的服务场景研究成果主要聚焦在环境中的物理要素对顾客的情绪、认知和行为的影响上，对环境中社会要素的重要性仍未给予足够重视，相关研究尚未充分展开。近年来，已经有一些学者针对服务场景中的社会要素展开了探索性的研究，希望填补这一理论空白（Rosenbaum，2005，2007，2009；Venkatraman，2008；Hu，2006；Tombs，2003，2004；Baker，2002）。对这些文献的回顾和剖析有助于加深对社会要素概念内涵的理解，归纳现有研究的不足，并为确定本书的研究模型和研究方案提供依据和基础。

在早期针对服务场景社会要素的研究中，研究者主要关注服务场所的人员密度（主要是指拥挤程度）与顾客行为意向的关系，对社会要素的理解带有明显的局限性。朱莉·贝克（1994，2002）在推进这方面研究的过程中发挥了重要的作用，她指出：社会要素，尤其是与人员有关的要素，应该被作为服务场景的重要维度。服务人员的数量、是否对顾客表示欢迎以及他们的着装都将影响顾客对商店的感知印象。如果服务场所中的服务人员数量较多、对顾客表示欢迎、穿着得体的制服就会使顾客形成"高档店"的印象，否则就会形成"折扣店"的印象。朱莉·贝克（2002）通过实验的方法检验了自己提出的一系列假设，深化了人们对社会要素作用的理解和认识。

在前人研究成果的基础上，图姆斯和麦克考尔－肯尼迪（2003，2004）进一步强调了服务场景中社会要素的重要性，提出了社会化的服务场景（social-servicescape）模型，通过引入社会和情景要素对传统的服务场景模型进行了扩展。以服务场所的人员密度（物理性的社会要素）、其他顾客的外显情绪（人员性的社会要素）和购买情景（情景要素）为前因变量进行了一系列探索性的研究，证实了服务场景中其他顾客的外显情绪对顾客情绪和购买意向的影响。

胡海岩（2006）对服务场景中的社会要素与顾客惠顾行为之间的关系进行了探讨。他对服务场景中社会要素的涵义做了进一步的拓展，指出社会要素既应该包括服务人员与顾客之间的人际交互，也应该包括被赋予了一定社会意义的物理要素，如在商店内张贴的、采用与目标顾客形象相似的人作为模特而拍摄的海报。他指出，购物是一种既带有功能目的，也带有社交目的的行为，消费者在购物的同时也在满足自己的多种社会需求，而商店环境中的社会要素能够帮助消费者形成对商店的良好印象、并满足他们的某些社会心理需求。

罗森鲍姆（Rosenbaum，2007）认为消费者，尤其是具有特殊社会身份的消费者（如少数民族、同性恋者），通常会利用服务场景中的社会要素来判断自己是否与场所中隐含的社会规范或那些服务机构所认同的"理想顾客"的社会形象相一致，并由此来决定自己的趋避行为。他采用深度访谈的方法，归纳出服务场景中影响顾客进行自我身份判断的三类社会要素，即周边线索（服务场所中的顾客是否与自己具有相似的特征）、语言线索（服务人员或其他顾客的正面或负面的话语）、非语言线索（如怀疑或不信任的目光、不愿意理睬的态度等）。作者进一步采用实证研究的方法验证了上述三类社会要素与顾客行为意向的关系。

在之前进行的另外一项研究中，罗森鲍姆（2006）建立了一个理论框架，用来说明为什么餐厅、咖啡馆和酒店等服务场所对于消费者的日常生活具有特别的意义。他通过研究发现部分光顾上述服务场所的顾客不仅是为了满足他们的消费需求，也寻求满足他们对友谊和情感的需求。对于这些消费者来说，服务场所既是"实用的场所"（满足功能性的消费需求）、"聚会的场所"（满足友谊的需求）也是"家庭般的场所"（满足情感支持的需求）。部分消费者通过服务场所来获得心理或社会支持。他通过调查研究发现，随着顾客从商业友谊中获得的友爱和情感支持的增加，他们的忠诚度也在提高。我国学者汪涛（2008）的研究也取得了类似的结论。

文卡塔拉曼和尼尔森（Venkatraman & Nelson，2008）指出：顾客通过服务场景形成与其自身的生活方式和文化背景相吻合服务体验，来满足其内在的社会和心理需求。他们利用照片诱导和深度访谈等定性研究方法，探查了在世界知名的连锁咖啡餐厅——星巴克的服务场景中，中国年轻的城市消费者会产生怎样的服务体验。在对访谈结果进行归纳后，识别了被访者在星巴克进行消费体验的四个主题："家的感觉"、"完整的个人空间"、"来自海外"及"文化桥梁"。作者根据访谈的结果对星巴克中的环境要素与被访者上述四种心理和社会体验之间的关系进行了归纳和总结，指出服务场景中各种带有特定社会意义的有形和无形要素都对顾客在星巴克的体验产生了重要的影响。

随着电子商务的快速发展，人们逐渐认识到了购物网站所形成的"虚拟服务场景"对网络消费者的重要影响。与实体商店的购物过程相比，网络商店中的商品选择和交易过程相对单调，缺少面对面的人际沟通和互动。因此，网络零售商面临的一个迫切问题是如何通过在购物网站中嵌入更多的社会和情感要素，来更好地满足消费者的心理、情感和社会需求。哈斯内恩（Hassanein，2006，2007）的研究表明，通过在网站页面中嵌入更多的社会要素，有助于顾客产生类似于在实体商店消费时的"社会临场感"（Social Presence），进而对其心理和态度产生正面的影响。

根据上述研究成果，对服务场景中社会要素这一构念的涵义进行了归纳和总结，分析了现有研究所涉及的具体维度和指标，如表3.1所示。通过上面的文献梳理可以看出，近年来服务场景中社会要素的重要作用正在逐渐受到关注，但其研究尚未充分展开，是服务营销领域一个具有理论和实践意义的研究问题。

表 3.1　　　　　　　　　**服务场景中社会要素研究的代表性成果**

一级维度	二级维度		涵义	文献依据
物理性社会要素	氛围要素		带有特定社会意义的氛围要素（如背景音乐中特定意义的歌词）	尚未有文献探讨
	设计要素		带有特定社会意义的装饰、设计等（如特定人物形象的海报）	Hassanein（2007），Hu（2006），Venkatraman（2008），Cyr（2006）
人员性社会要素	服务人员	静态	服务人员的数量、仪表、着装	Baker（2002），Jang & Namkung（2009），Kim & Moon（2009），Liu & Jang（2009）
		动态	服务人员的情绪、态度和个性化服务程度、是否提供帮助和支持等	Hu（2006），金立印（2008），汪涛（2006），Nguyen（2006）
	其他顾客	静态	其他顾客的人数、个人特征等	Baker（2002），Tombs（2004，2003）
		动态	其他顾客的情绪、态度、语言等	Robert（2005），Grove（1997）

3.3　服务场景中社会要素的分类

3.3.1　物理性社会要素

现在的消费者不再仅仅满足于"物质的占有"，而是在此基础上寻求"精神的满足"。作为人类文化形式的商业环境也是企业和消费者进行自我定义和自我表达的一种方式。根据诺伯格·舒尔茨（Norberg Schulz，1963）的理论，人与场所的关系包括"认同"这一更深层次的过程，他将"认同"解释为"人与特定的环境成为朋友"。人对场所的认同预设了场所的性格，即一个场所区别于另一个场所的个性、独特的形象或场所精神。也就是说，一个场所不仅要适合人的生理结构，还要适合人的思维方式和心理需求，强调"场所感"就是要把空间与人的社会活动与人们心理上的要求统一起来，形成"积极的"生理和心理空间。

服务场所中富含社会意义的物理要素，如具有代表意义的背景音乐、与顾客形象或偏好相符的海报图案，人性化的标识，特别的装饰品等都能引起顾客的关注和感触，并且能显著影响顾客对服务场所的整体印象，引发顾客的自我一致性判断，进而影响其行为意愿。罗森鲍姆（Rosenbaum，2007）的研究表明，服务场所中带有特定社会含义的标志、图案、设施或者是装饰物等场景要素能够唤起顾客对某段历史的回忆或者是对其所属群体的一种身份认同，从而吸引他们进入消费场所。这些象征性的图案或者是装饰品让他们认为这是他们可以自由聚集在一起的地方，是可以被接纳和被欢迎的地方。

象征性的服务场景要素是指那些表达了消费者所属群体共同情感的情景因素，如具有象征意义的标志、图案或是工艺品。这种消费线索能够唤起他们的自我概念或者是对其所属群体的一种身份认同，从而吸引或者阻止他们进入某个消费场所。研究表明，对于某些归属于特定群体的消费者对象征性的场景线索更为敏感，那些能够在群体成员之间唤起共同情感的环境要素对其消费情绪和服务感知有显著影响，并最终导致其表现出趋近或远离的行为。

3.3.2 人员性社会要素

服务场所中的人员性社会要素包括服务人员和其他顾客两种类型。在服务生产和交付的过程中，顾客与服务人员和其他顾客之间的交互行为不可避免，对交互过程的感知是影响顾客服务体验的重要因素。下面，对服务人员与顾客之间的互动机理进行分析。在第5章中，将进一步对顾客之间的互动机理进行研究。

服务具有生产和消费的同时性，服务传递通常是在服务人员与顾客的交互过程中完成的。服务人员的外貌和仪表、语言和礼仪、态度和技能等都会对顾客的情绪和行为产生直接的影响，并最终决定他们对服务质量的感知和评价。因此，服务人员在服务接触的过程中扮演着至关重要的角色。培养一线员工的服务能力、改善员工与顾客的互动质量，是企业提高服务水平和顾客满意度的有效途径。

服务人员在服务接触的过程中承担着多种重要的角色，如引发顾客需求、说服顾客购买、传递服务产品、观察顾客反馈、表达顾客关怀等。可以说，服务过程无时无刻不伴随着员工与顾客之间的互动，而沟通则是人际互动过程中用来联结和调整社会关系的重要手段。按照人们所使用的信息符号形态，沟通可以被划分为语言沟通和非语言沟通两种类型。语言作为社会给定的最基本的信息符号，在意义传递和人际关系形成中一直处于中心地位。恰当的语言沟通具有意义表达迅速、准确、能即刻得到信息接受者反馈的优点，并能有效地帮助消费者形成对特定企业的信任。不当的语言沟通则可能导致分歧、误解和破坏信任等不良影响。

除了语言沟通，非语言沟通方式在意义表达和人际关系形成中的重要性也日益凸显，受到了众多学者们的关注。研究表明，人们在互动中所接收到的大部分信息是通过语言以外的手段获得的，可见非语言因素在人际沟通中的重要性。非语言沟通不仅具有重复、替代、强化、比较和调整语言信息的功能，还可以有效表达出比语言信息更高层次的涵义，能够在短时间内完成更充分的情感表达。可以说，非语言沟通的本质是对那些难以用语言来表达的亲密感、社会意义、关心和内在情感状态的无意识展露。因此，它所传递的信息更为真实自然，更具有普遍意义，在表达情绪上更为有力并有助于获得对方信任。

服务接触中员工和顾客的非语言沟通主要有举止体态、辅助语言、身体外貌等几种主要方式。其中体态语言是通过表情、举止、神态、姿势等象征性体态来表达意义的一种沟通手段。在服务接触中，顾客可以通过员工的表情和神态来感受自己受欢迎和被关心程度，也可以从员工的眼神和举止中获取用来判断对方是否可靠的线索。因此，体态语言对于沟通双方形成好感、亲密感和信任感具有重要影响。辅助语言是指在谈话过程中的音调和音量、语速和节奏、声音的变化和沉默的时间等因素。这些辅助语言因素无法单独存在，必须与语言交谈配合才能发挥作用。在服务接触中，员工恰当地辅助语言能有效表达他们对顾客的关心和态度、有利于提高语言的说服效果。身体外貌方面的非语言沟通主要由身体特征和服饰仪表等因素构成，在沟通中会影响到说服效果和对方的态度变化。研究表明·服务接触中顾客感知到的亲近感、好感和他们的心理状态会受到员工身体外貌因素的影响。

服务人员对顾客的影响效果可以用情绪感染理论来解释。情绪感染理论认为，社会互动过程中一方的情绪状态可以转移给另一方，并且这种情绪感染可以同时发生在有意识和无意识两个水平上。一方面，沟通主体将对方所表达出来的情绪信号无意识地融入到自己的情绪系统；另一方面，他们主动把握对方的情绪状态及其所要表达的情感意义，并以此为基础形成或调整自己的情感状态。在服务接触中，员工和顾客之间的情绪感染现象十分普遍，员工友好的情感展露能够通过情绪感染来促使顾客形成积极的情绪状态和行为响应。

3.4 社会认知理论概述

社会认知是指认知主体对社会物、社会人和社会事件等认知对象形成知觉、印象和判断的外显或内隐的信息加工过程。从这个定义可以看出，社会认知可以概括为"三类对象、三个阶段和两种类型"，即社会认知的对象包括社会物、社会人和社会事件；社会认知的过程包括社会知觉、社会印象和社会思维（也称社会判断）三个阶段。而且，认知主体的认知过程可能是外显的、有意识的，也可能是内隐的、无意识的，即社会认知具有的两种类型。社会认知的基本要素如图 3.1 所示。

图 3.1 社会认知理论的基本要素

（1）社会认知的加工对象

社会物是指被赋予了一定社会意义的文字、符号、图形和物体。社会物除了具备一定的物理特性如形状、颜色、声音、材质外，还具备特定的社会属性。如国旗除了布料、颜色、图案等物理特性外，还是一个国家的象征。在不同的社会文化情景中，相同的社会物可能具有不同的社会意义，而且随着社会、经济和文化的发展，社会物的内涵也在不断发生变化。

社会人包括社会个体和社会群体。社会性是人的本质属性之一，作为认知对象的社会个体包括外部特征和人格特征两方面的属性。外部特征主要是指个体的仪表（包括体型、相貌、着装等）和表情（如眼神、面部表情等）等；人格特征是指一个人的气质类型、智力状况、道德品质等。此外，个体的社会地位（包括经济地位和政治地位）也是影响他人对其认知的重要因素。社会群体是指按某些社会特征结合在一起的人的共同体，其基本要素是个体间的交往和共同的社会活动。社会群体包括一般群体和有组织群体，前者往往通过地域、种族、宗教联系在一起，成员间的关系较为松散，对个体的制约性较弱。或者具有比较严密的组织结构和规章制度，对成员具有较强的约束性。

社会事件是指在一定的时间、地点等环境条件下，有人参与的社会活动。社会事件必然涉及人和人的行为活动，必然在一定的时空条件下发生，必然对他人产生一定的社会影响。

（2）社会认知的加工阶段

社会知觉是社会认知的第一个阶段，是指个体通过感官对社会客体属性直接、整体的感知。社会客体即前面所提到的社会物、社会人和社会事件。社会物是具有社会属性的文字、符号及物体等；社会人包括处于一定社会环境，带有特定社会属性的个体或群体；社会事件则是由社会物、社会人及其交互活动组成的综合体。社会知觉是在社会活动中形成的，它不同于人们对自然客体的知觉，而是带有鲜明的社会性。社会知觉的加工过程不仅受社会客体自然和物理特性的影响，更受客体社会属性的制约。同时，它还与认知主体的特征，如情感因素、人格因素、价值观念和动机体系等密切相关。

社会印象是社会认知的第二个阶段，是指认知主体通过综合社会知觉阶段所获得的各种信息后，对社会对象所形成的初始印象，是关于社会物、社会人和社会事件的记忆表象。社会印象一方面对认知主体的情感、态度和行为产生直接的影响；另一方面又为下一阶段的社会判断和社会思维提供认知素材，是社会认知过程中承上启下的重要阶段。

社会思维是在社会知觉和社会印象的基础上对社会刺激的推理和判断，是认知主体为社会刺激赋予特定意义的重要认知阶段。社会思维是在社会知觉阶段的初步识别和社会印象阶段的记忆判断的前提下，运用认知主体的知识和概念体系，进行逻辑推理后而得出结论、做出决策的过程，并最终实现对社会刺激的深刻了解和准确把握。

（3）社会认知的两种类型

外显社会认知是指认知主体在明确的意识监控下，按照严格的逻辑规则对社会刺激进行的组织和解释。在社会知觉、社会印象（社会记忆）和社会思维的过程中，主体的意识自始至终参与了认知活动，使认知活动具有明确的目的性、自觉性和逻辑性，体现了认知活动的理性特征。意识监控的标准往往是一些被认知主体掌握和内化的逻辑法则、伦理规范、道德标准、社会价值、法律制度和风俗习惯等。在这些标准的作用下，个体或群体的认知行为向着有秩序、有意义的目标发展。

内隐社会认知是指在缺乏意识监控或意识状态不明确的条件下，主体对社会刺激的组织和解释过程。在这个过程中，主体不能报告或内省某些过去的经验，但这些经验潜在的对主体的判断和行为产生影响，这类认知活动具有很低的意识水平，但在主体的认知活动中确实普遍存在，有时甚至处在相当活跃的水平。

3.5　社会要素的基本作用机理及本书的理论贡献

本书研究的概念模型如图 3.2 所示，下面结合示意图对该模型加以解释。

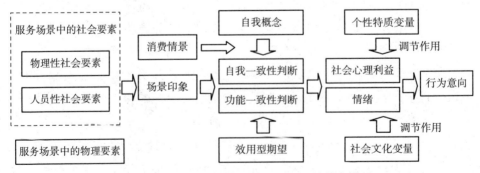

图 3.2　服务场景中社会要素作用机理的基本模型

顾客通过服务场景中的社会要素形成场景印象（本书重点研究与消费者的自我概念和社会关系有关的场景印象），同时启动顾客的自我一致性判断机制，消费情景决定了顾客在多个自我概念（真实自我、理想自我、真实社会自我、理想社会自我）中选择哪个作为一致性判断的主要参考依据。顾客的自我一致性判断结果进而影响顾客某种社会心理利益（自尊、归属感、社会认同、社会支持）的满足感，这种满足感会进一步影响其态度和行为。同时，个体的特质变量和社会文化变量会对上述的顾客认知过程产生调节作用。应该指出的是，人们对服务场所中社会要素的认知具有选择性，且与个体的需求有关，如果个体的需求更多是功能性的，则其更可能忽略社会要素的影响；但如果其需求是情感性或社会性的，更可能受到社会要素的影响。在本书中，要对上述的理论推断进行实证检验。

本书对服务场景中的社会要素与顾客的情绪、认知、社会心理需求和行为意向间的关系进行了深入而系统的研究，基于自我一致性理论、场所依恋理论以及社会认知的有关理论构建服务场景中社会要素的作用机理模型，揭示服务场景中的社会要素对于顾客的情感价值和社会价值；同时探讨消费情景变量、个体特质变量和社会文化变量对模型的影响。上述研究将是对现有以物理要素为焦点的服务场景研究的有益补充，有利于形成对顾客在服务场景各类要素作用下心理机制的全面理解，具有一定的理论价值。同时，该项目的研究成果可以帮助服务企业充分利用服务场景中的社会要素这类可控的管理变量来满足顾客的社会心理利益、建立企业与顾客间的情感纽带、形成顾客的忠诚意愿和行为，从而为提升企业绩效和强化核心竞争力提供有益的借鉴，具有一定的实际意义。

▶▶▶▶▶▶▶▶▶

本章实例：星巴克将文化植入经营

星巴克能够把世界上最古老的商品之一——咖啡发展成为独特的、富有活力的、有高附加值的品牌，与其刚开始创业时坚守的"体验文化"和独特的营销手段密不可分。除了优异的咖啡品质外，轻松、温馨的店内气氛也是星巴克的制胜法宝。星巴克强调的不再是咖啡，而是尊重人性、崇尚知识的环境氛围和文化氛围。

星巴克的品牌推广并不依赖于巨额的广告投入和频繁的促销计划，而是更为重视品牌形象的推广。星巴克强调咖啡具有独特的文化性，每家门店都是品牌形象推广的载体，是星巴克商业链条上的一环。由优秀的设计师专门为每家门店创造丰富的视觉元素和统一的风格，使顾客赏心悦目，达到推广品牌的目的。这种推广方式被称为 Tie-in，就是把品牌形象和顾客形象紧密联系起来。

星巴克不仅出售咖啡，也出售与咖啡有关的文化和生活方式。在上海的星巴克，一项叫做"咖啡教室"的服务把"咖啡为媒，传播文化"理念体现到了极致。如果顾客是三四个人一起来喝咖啡，星巴克就会为他们配备一名咖啡师。顾客对咖啡豆的选择、冲泡、烘焙等有任何问题，咖啡师都会耐心细致地进行讲解，使顾客在找到最适合自己口味咖啡的同时，体会到星巴克所宣扬的咖啡文化。咖啡文化不仅为星巴克的较高定价提供了一个充分的理由，也使顾客由此获得心理上的莫大满足。

在星巴克咖啡店里，员工是传递体验价值的主要载体。咖啡的价值通过员工的服务才能提升，因而员工对体验的创造与有形环境同样重要。事实上，星巴克的员工就如同咖啡迷，他们可以详细地阐释每种咖啡产品的特性，而且善于与顾客进行沟通，了解并尽力满足他们的需求。员工在星巴克被称为"伙伴"，因为所有人都拥有期权，他们的地位得到了足够的尊重，也为星巴克品牌创造了极大的竞争力。

在星巴克看来，人们的滞留空间分为家庭、办公室和除此以外的其他场所。星巴克致力于打造顾客生活的"第三空间"，通过优雅的氛围、精美的装饰、技能熟练且富有亲和力的服务人员使喝咖啡变成一种生活体验，缓解由于繁忙的工作和生活给人们带来的心理压力，为顾客创造良好的消费氛围和社交氛围，这也帮助星巴克取得了持续的成功。

（资料来源：http：//www. topys. cn/article/detail？id＝211）

第 *4* 章

物理性社会要素、服务人员与顾客的场所印象

4.1 服务场景认知的两个阶段

随着社会的飞速发展，人们的消费观念也在不断改变，逐渐从关注产品和服务的功能利益和财务利益，转向关注其心理利益和社会利益。社会要素是服务场景的重要组成部分，赋予了服务产品丰富的社会内涵。对于服务企业来说，应该从目标顾客的需求出发，合理的设计和安排情感化、社会化的服务环境，改善顾客对服务场景的印象和认知，更好地满足其社会需求和心理需求，通过良好的服务体验来提升顾客的满意度和忠诚度。

顾客对服务场景的认知大致可以分为两个阶段。第一个阶段为"印象形成"阶段，顾客在惠顾一个新的服务机构时，由于对其尚不熟悉和了解，会通过服务接触中所感知的各类线索形成对服务机构的初始印象，并对其进行认知加工，进而形成趋近或远离的行为意向。如果顾客的首次服务消费达到了自身的期望，较好地满足了其服务需求，则有可能产生重复消费行为，并在这一过程中进一步确认自己对服务价值的判断，表现出较为持久的积极消费行为，这一阶段可以称为"深度认知"阶段。

根据社会认知的相关理论，顾客在上述两个阶段的认知机理有所不

同。在后续章节中，将分别对顾客在这两个阶段中的认知过程进行理论分析和实证检验。如前文所述，服务场景中的社会要素包括物理性社会要素、服务人员要素和其他顾客要素。第 4 章和第 5 章将分别讨论服务场景中的物理性社会要素、服务人员和其他顾客与顾客行为意向的关系，属于顾客的"印象形成"阶段；第 6 章研究了服务场景中的人员要素与顾客社会心理利益和场所依恋之间的关系，属于顾客对服务场所的"深度认知"过程。期望通过以上研究对服务场景中社会要素的作用机理进行全面而系统的刻画。

4.2 场所印象与自我一致性的关系

（1）场所印象的概念

西方学者马蒂诺（Martineau）最早将"印象"这一概念引入到服务业中的零售领域，他将商店印象定义为顾客以商店的功能属性和心理属性为线索形成的对商店的整体感受。其中功能属性包括商店的外观、商品的品类、价格、陈列等；心理属性是指与顾客的情感、心理或社交有关的环境因素，如服务人员的形象、态度和技能等。从上面的定义可以看出，场所印象具有以下的几个特征：①顾客的场所印象是服务场所的功能属性和心理属性综合作用的结果；②场所印象是顾客对于服务场景的主观感受，受顾客个体特征和认知框架的影响；③场所印象是顾客对于服务场景的整体印象，是对服务场景各类属性的综合感知，而不是对单个属性感知的简单叠加。

（2）场所印象的维度构成

对于如何将"场所印象"进行操作化存在两种不同的观点，即基于属性的观点和基于整体的观点。基于属性的观点认为场所印象与服务场所中的多种要素有关，是一个多维的概念。因此，有必要分别测度顾客对不同属性的感知，然后再对其进行综合。侯旻和吴小丁（2010）以零售商店为研究对象，对场所印象的维度构成进行了汇总，具体如表 4.1 所示。

表 4.1　　　　　　　　　　　　　　　商店印象的维度构成

维度	具体指标
商品要素	价格、种类/品质、商品适应性
店铺外观要素	舒适感、店铺氛围、陈列与建筑风格、商品布置与展示、店铺设施
服务要素	人员（服务）形象、便利性、结算、促销、广告、人员态度、个性化促销等
其他要素	店铺声誉、组织特性、制度因素、公正性、商店顾客的特性、过去的交易经验等

基于整体的观点认为场景印象是服务场所在顾客心目中形成的整体印象，因此，只需要测量顾客对于服务场所的整体感受，例如使用典型的语意差别量表，如好/坏、喜欢/不喜欢、有趣的/无聊的、积极的/消极的、令人愉悦的/令人讨厌的、有利的/不利的来对服务场景的整体印象进行度量，这时，场所印象被认为是一个单维的概念。

（3）场所印象与自我的一致性

随着社会和经济的飞速发展，人们的消费价值选择逐渐从理性消费过渡到感性消费和感情消费，顾客的消费行为，如产品选择、购买决策、品牌偏好等成为其展示自我形象和社会地位的重要途径。消费者在进行商品信息的搜索和评价时，不仅会考虑商品的功能性利益，也包含了对自身形象的思考和看法。他们通常会选择那些产品概念与其自我概念相似或相同的产品。这种现象被定义为自我一致性（self congruity）。

自我概念（self concept）是个体对自身存在的体验，是个体关于"我是谁"的一个有机的认知结构，由态度、情感、信仰和价值观等组成，并将个体表现出来的各种特定习惯、能力、思想和观点组织起来。自我概念的形成源于自我感觉、社会比较和反映评价三种途径。自我感觉是个体对自身的感受和定义；社会比较则是个体通过与他人的比较来进行自我衡量；反映评价是指个体从他人那里得到的关于自己的评价和信息。每个个体都不断通过上述三种途径来发展和充实自我概念。

约瑟夫·瑟吉（Joseph Sirgy，1997）指出，人们具有多个自我概念，即真实自我、理想自我、社会真实自我和社会理想自我。与之相对应，自我一致性也应该是一个多维度的概念，包括真实自我一致性、理想自我一致性、社会自我一致性和理想社会自我一致性。其中，真实自我一致性是消费者的真实自我概念与产品或服务形象的一致性；理想自我一致性是消费者的理想自我概念与产品或服务形象的一致性；社会自我一致性是消费者的社会自我概念与产品或服务形象的一致性；理想社会自我一致性是消费者的社会理想自我概念与产品或服务形象的一致性。

约瑟夫·瑟吉（2000）指出个体都有维持和提升自我形象的动机，即自我维持动机（self consistency）和自我提升动机（self esteem），其消费行为也往往会倾向于维持或提升自我概念。自我维持动机使顾客喜欢或购买那些与其自我概念相一致的产品或服务。自我提升动机是指顾客倾向于那些能够提升自我形象的产品或服务。理想自我是真实自我的参照标准，当二者之间存在差距时，个体会努力弥补这种差距。以餐饮消费为例，如果一家餐厅安静典雅、装修考究，服务人员着装统一、彬彬有礼，会使顾客将自身的富有、成功的自我提升动机与餐厅环境相关联，同时也会产生对餐厅服务或菜品的较高期望。

作者对自 1995 年以来公开发表的关于自我一致性与顾客行为意向关系的 15 篇论文进行了深入的分析和比较，对自我概念的分类、一致性的测量、结果变量和研究结果总结如表 4.2 所示。

表 4.2　　　　　　　　　　自我概念的分类和一致性的测量

文献	自我概念类型	自我一致性的测量方法	结果变量	研究结论
Hong（1995）	真实我理想我	绝对差量表	产品选择和购买对广告的记忆	广告表达与顾客的一致性程度对于顾客的品牌记忆没有调节效应，但是会影响顾客对品牌的选择和购买意向
Ericksen（1996）	真实我理想我	绝对差量表	行为意愿	顾客的购买意向和产品自我一致性之间显著相关
Sirgy（1997）	真实我	间接测量 + 直接测量	品牌选择、品牌态度和对商品的选择及购买决策	新的一致性测量方法（直接测量）比传统方法（间接测量）对顾客的行为意向更具有预测性
Amstrong（2001）	真实我理想我	相关分析	是否参与曲棍球比赛	自我一致性是消费者品牌选择和满意度的有效预测指标；男女之间确实存在自我形象、产品形象和一致性感知的差异

文献	自我概念类型	自我一致性的测量方法	结果变量	研究结论
Jamal（2001）	真实我	直接测量	满意度行为意向	品牌形象和自我概念的一致性越高，顾客越可能选择该品牌，且满意度也越高
Ekinci（2003）	真实我理想我	间接测量 + 直接测量	满意度、态度、感知服务质量和行为意向	真实自我一致性和理想自我一致性均对顾客的态度、满意度、感知服务质量和行为意向具有显著的影响
Azevedo（2005）	真实我理想我	相关模型	满意度、行为意向、态度、涉入度和行为意向	自我概念和品牌形象之间存在显著的相关性
Kleijnen（2005）	真实我理想我	一般欧式距离模型	态度行为意向	具有较高自我一致性的消费者受周围环境的影响更大，自我一致性对顾客的态度和决定具有显著的影响
应爱玲（2007）	真实我理想我	相关分析	品牌偏好行为意向	我国消费者与高端教育产品之间的理想自我一致性对其品牌偏好的影响要高于真实自我一致性对品牌偏好的影响
Sirgy（2007）	真实我	直接测量	品牌忠诚	顾客和企业所赞助的体育赛事的一致性显著影响其品牌忠诚，顾客对企业赞助行为的感知和涉入程度对上述关系的调节作用显著
Kwak（2008）	真实我理想我	直接测量	行为意向	真实自我一致性和理想自我一致性对观赏性体育运动观众的行为意向都有显著影响
Ibrahim（2008）	真实我理想我	差距得分公式	满意度、态度和行为意向	理想自我一致性比真实自我一致性对态度的直接影响更显著
Liu.（2010）	真实我理想我社会我	直接测量	行为意向	收礼者的形象和送礼者形象以及礼品形象的一致性对购买礼物的行为具有显著影响，而中国传统文化价值观对消费者的自我一致性与行为意向之间的关系具有调节作用

文献	自我概念类型	自我一致性的测量方法	结果变量	研究结论
Randle（2011）	真实我	绝对差量表	行为意向	那些参加不同公益组织的被试者具有不同于其他人的自我概念；尤其对于那些知名的和有明确定位的公益组织，自我一致性感知对被试者的影响更为深刻和强烈
Usakli（2011）	真实我理想我	直接测量	行为意向	真实自我一致性和理想自我一致性对游客的行为意向均有显著影响；自我一致性在旅游景点的个性和游客的行为意向之间起中介作用

4.3 服务场景中的社会要素影响顾客行为的理论模型

以社会认知理论为依据，通过对相关文献的归纳和总结，提出了服务场景中社会要素的作用机理模型，如图4.1所示。由该模型可以看出：顾客通过服务场景中的社会要素形成场景印象，场景印象一方面会对顾客的情绪和服务质量期望产生直接的影响，同时也会启动其自我一致性的判断机制，上述因素均会对顾客的行为意向产生直接的影响。消费类型决定了顾客在多个自我概念（真实自我一致性、理想自我自我一致性）中选择哪个作为一致性判断的主要参考依据，也就是说，消费类型在场景印象和自我一致性判断之间起调节作用。

在第2章提出的服务场景作用机理模型的基础上，本章引入了场景印象和自我一致性判断两个新的变量，更为深入和细致地探讨了服务场景中的社会要素对顾客行为意向的作用机理，描述了从初级认知（场景印象）到情绪和更高层次的认知（自我一致性判断和感知服务质量）再到行为意向的渐进心理过程，对服务场所中的物理性社会要素和服务人员要素的作用机理进行了更为细致的刻画。

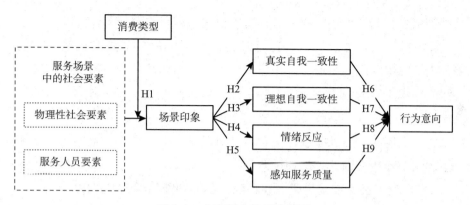

图 4.1 本章研究的理论模型

根据建立的理论模型，提出如下假设。

H1：服务场景中的社会要素对顾客的场景印象有正向影响；

H2：顾客的场景印象对其真实自我一致性有正向影响；

H3：顾客的场景印象对其理想自我一致性有正向影响；

H4：顾客的场景印象对其正面情绪有正向影响；

H5：顾客的场景印象对其感知服务质量有正向影响；

H6：顾客的真实自我一致性对其行为意向有正向影响；

H7：顾客的理想自我一致性对其行为意向有正向影响；

H8：顾客的正面情绪对其行为意向有正向影响；

H9：顾客感知服务质量对其行为意向有正向影响。

根据服务场景中社会要素的维度构成，进一步将 H1 分解为两个假设：

H1a：服务场景中的物理性社会因素对顾客的场景印象有正向影响；

H1b：服务场景中的服务人员要素对顾客的场景印象有正向影响。

人们通过购买产品和服务来满足自己的各种需求，从总体上来说，这些需求可以划分为两种类型，即功能型需求和享乐型需求，两种需求对应的消费类型分别为功能型消费和享乐型消费。功能型需求是指通过产品或服务来解决自身的基本需求（如生理需求和安全需求等），注重的是产品或服务的功能特性；享乐型需求是指个体通过购买产品或服务来获得社会或心理需求的满足。当然，上述两种需求并非是相互排斥的，它们可以同时存在。在对某种消费进行归类时，往往是哪种需求更为重要就将消费归结为哪种类型。

在不同的消费情景下，顾客通常会启动不同的自我判断机制。一般来说，人们在进行功能型消费时，通常更注重产品的功能特性与真实自我概念之间的匹配，即自我维持动机会起主导作用；而在享乐型消费时，通常更注重产品或服务对其心理和社会需求的满足，理想自我概念和自我提升动机的作用将更为明显。也就是说，消费类型对场景印象和自我一致性判断之间的关系起调节作用，因此提出如下假设。

H10：消费类型在场景印象和自我一致性判断间起调节作用。

在功能型消费中，真实自我一致性判断对顾客的行为意向起主导作用；而在享乐型消费中，理想自我一致性对顾客的行为意向起主导作用。

4.4 研究设计与数据收集

4.4.1 概念测量

本章主要涉及 7 个概念，即服务场景中的社会要素、场所印象、真实自我一致性、理想自我一致性、情绪反应、感知服务质量以及顾客行为意向。通过对已有研究成果的回顾总结，结合研究人员进行的现场观察及访谈，初步形成了调研问卷。为了保证问卷条款的信度与效度，对 50 名最近有过首次光顾某服务场所的经历且印象深刻的学生进行了预调研，要求被调查者完整的填写问卷并指出问卷在设计、语言表达等方面存在的不足。根据预调研结果，删除了语义不清、翻译生硬、不符合情景的题项，确保被调查者能够准确地理解题项的涵义。

（1）服务场景中的社会要素的测量

根据对服务场景中社会要素研究成果的回顾，本书将服务场景中的社会要素划分为物理性社会要素和人员性社会要素。在已有研究的基础上，结合焦点小组访谈，采用 3 个题项来测量被试顾客对物理性社会要素的感知。基于金立印（2008）的研究，用4个题项来测量顾客对服务人员的感知。具体的题项如表4.3所示，所有题项均采用7点制的Likert量表（1为很同意，7为很不同意）进行测度。以往的研究经验表明：大多数情况下7点制的量表是最可靠的，选项超过7点，被试者往往难以对选项之间的差异做出清晰的辨别，而且量表的点数越多，方差也会变得更大，缺乏可信度和分析意义。

表4.3　　　　　　　　　　　服务景中的社会要素的测量题项

变量	编号	题项
物理性社会要素	W1	店内的软装饰，如背景音乐（歌词或音乐风格）、海报、装饰品、图案及标识符合我的形象、偏好或让我有所感触
	W2	我觉得店内软装饰如背景音乐（歌词或音乐风格）、图案、海报、装饰品及标识是为我这类人设计的
	W3	店内软装饰如背景音乐（歌词或音乐风格）、图案、海报、装饰品及标识让我觉得自己是属于这里的，是受欢迎的
服务人员要素	SF1	在和服务人员交流时，他们会使用尊敬和欢迎的语言
	SF2	服务人员能够快速而准确地提供相应的服务
	SF3	服务人员的举止和行为恭敬有礼
	SF4	服务人员的仪表端庄得体

（2）场景印象的测量

以朱莉·贝克（1994）和胡海岩（2006）所采用的"商店整体形象测量量表"为基础开发出场景印象的测量题项，具体如表4.4所示。

表4.4　　　　　　　　　　　场景印象因素测量题项

变量	编号	题项
场景印象	Y1	该店铺给了我好的印象
	Y2	我觉得该店铺是一个让人愉悦的消费场所
	Y3	我觉得这家店铺能够提供让我满意的产品或服务
	Y4	该店铺是吸引我的

（3）场所——自我一致性的测量

根据前文对自我一致性测量方法的回顾和总结，可知直接测量的可靠性要高于间接测量。因此，本章采用直接测量法对自我一致性进行测量

（Kwak & Kang，2008；Liu，Lu，Liang，2010；Sirgy & Sur，1997；Usakli & Baloglu，2011），具体的题项如表 4.5 所示。

在对被试者进行自我一致性测量之前，先让他们阅读一段脚本，使被试者进入到具体的消费情境中。该段脚本如下："请想象一下那些经常光顾该服务场所的典型消费者的形象，请尝试用一些形容词来描述他们，比如：有型的、高贵的、得体的、友好的，然后开始回答下面的问题。"

表 4.5　　　　　　　　　　自我一致性的测量题项

变量	编号	题项
真实自我一致性	Z1	该场所就是我这类人应该去的地方
	Z2	该场所的环境要素反映了我的真实个性
	Z3	该场所的典型顾客形象和我的真实形象有很多共同点
理想自我一致性	L1	我在该场所的消费体验与我理想的生活体验相符
	L2	该场所的环境要素反映了我对自己理想个性的看法
	L3	该场所典型顾客的形象与我的理想形象相似或相同

（4）消费类型的测量

在测量消费类型时，考虑到功能型消费和享乐型消费之间并没有明显的界限，为了避免被试者无法理解题项的含义，保证测量的准确性，在对消费类型进行详细讲解的基础上直接用一个题项对消费类型进行了测量，如表 4.6 所示。

表 4.6　　　　　　　　　　消费类型的测量题项

以下题项用来衡量您此次消费的类型。
人们通过购买产品和服务来满足自己的各种需求，人们的需求可以分为两大类：功能型需求和享乐型需求。功能型需求是指通过产品或服务来解决自身的基本需求，注重的是产品或服务本身的特性；享乐型需求是指通过产品或服务来追求感官上的愉悦和多样性，如欣赏电影。两种需求对应的消费类型分别为功能型消费和享乐型消费，但两种消费类型并不是互相排斥的，在某次特定的消费中，哪一种消费需求比较强烈，所占比重较高，就属于哪一种消费类型。请根据关于消费类型的解释回答下列问题。

您该次服务消费的类型	□享乐型	□功能型

（5）顾客情绪反应的测量

本章采用层级式消费情绪量表（Laros，2005），将消费情绪分为正面情绪和负面情绪。同时，考虑到本书研究的特定情景，将正面情绪划分为满足、愉悦、放松、平静、体贴和有趣六个小类别；将负面情绪划分为不快、失望、无趣、不放松、紧张和丢脸六个小类别。本着言简意赅、熟悉易懂的原则，提出了测量消费情绪的具体题项。通过预调研，删除了包括平静、体贴、紧张和丢脸4个因子载荷和内部一致性不符合要求的题项，最后选取4个题项来测量情绪，如表4.7所示，题项采用语意差别量表进行测度。

表4.7　　　　　　　　　　　情绪反应的测量题项

编号	题项	尺度	题项
Q1	在该场所消费让我感到满足	①②③④⑤⑥⑦	在该场所消费让我感到失望
Q2	在该场所消费让我感到不快	①②③④⑤⑥⑦	在该场所消费让我感到愉悦
Q3	在该场所消费让我感到放松	①②③④⑤⑥⑦	在该场所消费让我感到紧张
Q4	在该场所消费让我感到无趣	①②③④⑤⑥⑦	在该场所消费让我觉得有趣

（6）感知服务质量的测量

为了保证调查质量，需要对问卷的题项总数进行控制。因此，本章将感知服务质量当做单维度概念，采用4个操作性指标进行测量：即好/差，低于我的期望/超出了我的期望，超过了应有的标准/没达到应有的标准以及满意/不满意。题项仍然采用7点制的语意差异量表进行测度，具体测量题项如表4.8所示。

表4.8　　　　　　　　　　　感知服务质量的测量题项

编号	题项	尺度	题项
G1	该场所的整体服务好	①②③④⑤⑥⑦	该场所的整体服务差
G2	该场所的整体服务低于我的期望	①②③④⑤⑥⑦	该场所的整体服务超出了我的期望
G3	该场所的整体服务超过了应有的标准	①②③④⑤⑥⑦	该场所的整体服务没达到应有的标准
G4	该场所的整体服务让人满意	①②③④⑤⑥⑦	该场所的整体服务让人不满意

（7）顾客行为意向的测量

根据本章研究的消费情景，采用了斯维尼和韦伯（Sweeney & Wyber, 2002）的趋避行为量表，通过预调研删除了"我很满意在该店的购物体验"这一区别效度较低的题项，形成了表4.9所示的顾客行为意向测量题项，采用7点制的Likert量表（1为很不同意，7为很同意）进行测度。

表 4.9   **顾客行为意向的测量题项**

变量	编号	题项
	X1	我愿意在该场所停留更长的时间
顾客行为意向	X2	我愿意在该场所消费更多
	X3	我下次还会光顾这里
	X4	我会向别人推荐这里

本章研究的最终问卷共包括 4 个组成部分，即服务场景中的环境因素和场景印象；消费者情绪和感知服务质量；自我一致性和行为意向；顾客基本信息。

4.4.2 数据收集

本章通过"问卷星"在全国范围内随机发放问卷的形式进行调查，保证了被试的普遍性，其中样本的地区分布如图 4.2 所示。本章选择了具有在最近一段时间内首次到某服务场所消费经历的顾客作为被试，他们对服务场所的环境还保留着较为清晰地印象，能够立刻回想起当时的消费情景。顾客回想的服务体验可以是满意或不满意的，可以是去购物、吃饭、喝茶，也可以是去唱歌、健身和美容等。调查期间，共计收到 234 份问卷，其中有效问卷为 214 份。

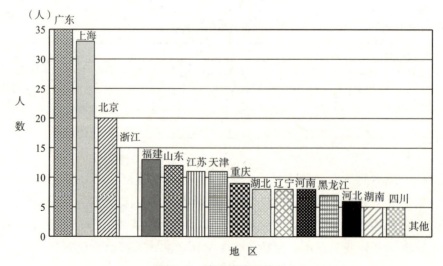

图 4.2 被试的地区分布

4.5　数据分析与假设检验

4.5.1　描述性统计分析

根据顾客的性别、年龄、教育程度、月收入和职业等人口统计变量对被试顾客的情况进行了分析，具体如表4.10所示。

表 4.10　　　　　　　　　被试特征的描述性统计

人口统计变量	变量取值	人数	百分比（%）
性别	男	93	43.5
	女	121	56.5
	全部	214	100.0
年龄（岁）	18 及以下	4	1.9
	18～30	177	82.7
	30～45	31	14.5
	45～60	2	0.9
	60 以上	0	0
	全部	214	100.0
教育程度	初中及以下	2	0.9
	高中/中专	12	5.6
	大专	39	18.2
	大学本科	146	68.2
	硕士及以上	15	7
	全部	214	100.0
月收入（元）	1500 以下	55	25.7
	1500～3000	67	31.3
	3000～4500	57	26.6
	4500 以上	35	16.4
	全部	214	100.0

人口统计变量	变量取值	人数	百分比（%）
职业	公司职员	106	49.5
	学生	62	29
	公务员	6	2.8
	教师/事业单位	19	8.9
	工人	5	2.3
	退休	11	5.1
	自由职业者	0	0
	其他	5	2.3
	合计	214	100.0

由统计的结果可以看出，被试的性别比例基本一致，男性略少于女性，分别占总人数的43.5%和56.5%；顾客的年龄主要在18岁~30岁（177人，占82.7%），出现这种情况的原因可能是因为年轻人更喜欢追求享受和娱乐的服务体验，在这种愉悦的氛围中放松自我，因此也更注重服务场景中的各类要素。从教育程度来看，高学历人群（大学本科以上，146人，占68.2%）占多数，体现了随着教育水平的提高，人们对服务消费体验的要求也在提高；从月收入来看，1500元以下（55人，占25.7%）、1500元~3000元（67人，占31.3%）和3000元~4500元（57人，占26.6%）所占的比重基本相当，收入在4500元以上的被试所占比重稍低（35人，占16.4%）。

4.5.2　测量模型的检验

本章采用两阶段方法对模型进行验证。首先，通过验证性因子分析（CFA）对测量模型进行了检验；问卷的信度通过Cronbach's α系数和组合信度（Composite Reliability）两个指标进行评估。由表4.11可以看出：9个构念的α值在0.803~0.932，量表的整体Cronbach's α系数为0.942，均超过了0.7的标准，表明量表具有较好的内部一致性。同时，组合信度（CR值）的取值在0.812~0.931，也达到了相应的要求，表示9个潜变量都具有良好的信度。这说明本章所采用的量表能够对潜变量进行可靠的测量。

表4.11 测量模型的验证性因子分析（CFA）

变量	编号	题项	标准化的因子载荷	Cronbach's α 系数	组合信度 CR	AVE 值
物理性社会要素	W1	店内的软装饰，如背景音乐（歌词或音乐风格）、海报、装饰品、图案及标识符合我的形象、偏好或让我有所感触	0.726	0.856	0.860	0.674
	W2	我觉得店内软装饰如背景音乐（歌词或音乐风格）、图案、海报、装饰品及标识是为我这类人设计的	0.852			
	W3	店内软装饰如背景音乐（歌词或音乐风格）、图案、海报、装饰品及标识让我觉得自己是属于这里的，是受欢迎的	0.877			
服务人员要素	SF1	在和服务人员交流时，他们会使用尊敬和欢迎的语言	0.844	0.911	0.914	0.726
	SF2	服务人员能够快速而准确地提供相应的服务	0.851			
	SF3	服务人员的举止和行为恭敬有礼	0.909			
	SF4	服务人员的仪表端庄得体	0.802			
场景印象	Y1	该店铺给了我好的印象	0.884	0.932	0.931	0.770
	Y2	我觉得该店铺是一个让人愉悦的消费场所	0.896			
	Y3	我觉得这家店铺能够提供让我满意的产品或服务	0.861			
	Y4	该店铺是吸引我的	0.872			
情绪反应（语意差异量表）	Q1	在该场所消费让我感到满足——失望	0.769	0.845	0.844	0.651
	Q2	在该场所消费让我感到愉悦——不快	0.822			
	Q3	在该场所消费让我感到放松——紧张	0.744			
	Q4	在该场所消费让我感到有趣——无趣	0.700			

续表

变量	编号	题项	标准化的因子载荷	Cronbach's α系数	组合信度CR	AVE 值
感知服务质量（语意差异量表）	G1	该场所的整体服务好——差	0.718	0.803	0.812	0.519
	G2	该场所的整体服务让人满意——不满意	0.701			
	G3	该场所的整体服务超过了应有的标准——没达到应有的标准	0.740			
	G4	该场所的整体服务低于我的期望——超出了我的期望	0.718			
真实自我——场所一致性	Z1	该场所就是我这类人应该去的地方	0.861	0.893	0.893	0.736
	Z2	该场所的环境要素反映了我的真实个性	0.888			
	Z3	该场所的典型顾客形象和我的真实形象有很多共同点	0.824			
理想自我——场所一致性	L1	我在该场所的消费体验与我理想的生活体验相符	0.903	0.885	0.888	0.725
	L2	该场所的环境要素反映了我对自己理想个性的看法	0.879			
	L3	该场所典型顾客的形象与我的理想形象相似或相同	0.766			
顾客行为意向	X1	我愿意在该场所停留更长的时间	0.761	0.859	0.859	0.603
	X2	我愿意在该场所消费更多	0.705			
	X3	我下次还会光顾这里	0.826			
	X4	我会向别人推荐这里	0.803			

注：量表整体的 Cronbach's α 系数为 0.942

　　分析结果还显示，所有题项在其所对应的潜变量上都具有较高的标准化因子载荷（取值在 0.700～0.909），且均在 0.001 的水平上显著（如表4.11 所示），满足了收敛效度的要求。另外，所有潜变量的平均方差提取量（AVE 值）都超过了 0.5 的最低要求，表明测量指标可以解释潜变量的大部分方差。而且，通过表 4.12 可以看出，每个潜变量 AVE 值的平方根都要大于变量间的相关系数，区别效度通过检验。综合以上的分析结果可以看出，所设计的测量工具具有较好的信度和效度。

表 4.12　　　　　　　　　　区别效度的分析结果

潜变量	A	B	C	D	E	F	G	H
物理性社会要素（A）	**0.821**							
服务人员（B）	0.521	**0.852**						
场景印象（C）	0.656	0.736	**0.877**					
情绪反应（D）	0.505	0.644	0.800	**0.810**				
感知服务质量（E）	0.394	0.580	0.626	0.685	**0.721**			
真实自我一致性（F）	0.263	0.313	0.347	0.337	0.364	**0.858**		
理想自我一致性（G）	0.251	0.273	0.241	0.346	0.340	−0.261	**0.851**	
顾客行为意向（H）	0.501	0.524	0.650	0.659	0.617	0.354	0.335	**0.777**

注：对角线的加黑数字为各潜变量 AVE 值的平方根

4.5.3　结构模型检验

在验证了测量模型之后，采用结构方程模型（SEM）的方法对本研究的结构模型进行检验。表 4.13 给出了结构模型的检验结果，分析结果表明：服务场景、场景印象、真实自我一致性、理想自我一致性、情绪反应、感知服务质量和行为意向等变量之间的路径系数均显著。

表 4.13　　　　　　　　　　结构模型的检验结果

研究假设	C.R. 值	P	标准化的路径系数	结论
H1a：物理性社会要素→场景印象	4.823	***	0.310	支持
H1b：服务人员要素→场景印象	4.813	***	0.398	支持
H2：场景印象→真实自我一致性	4.947	***	0.360	支持
H3：场景印象→理想自我一致性	3.841	***	0.280	支持
H4：场景印象→正面情绪	11.136	***	0.824	支持
H5：场景印象→感知服务质量	8.175	***	0.662	支持

续表

研究假设	C. R. 值	P	标准化的路径系数	结论
H6：真实自我一致性→行为意向	2.900	**	0.185	支持
H7：理想自我一致性→行为意向	2.915	**	0.181	支持
H8：正面情绪→行为意向	4.672	***	0.400	支持
H9：感知服务质量→行为意向	3.145	**	0.261	支持

注：** 表示 p < 0.01，*** 表示 p < 0.001

模型的整体拟合指标如表 4.14 所示，$\chi^2/df = 739.003/481 = 1.536$，表明模型的整体拟合度良好。P 值小于 0.01，表明数据有较高的汇聚有效性。除了 GFI、AGFI 和 RFI 没有达到 0.9 的标准以外，其余拟合指标均大于 0.9。而且，RMR 小于 0.035，RMSEA 小于 0.08，表明模型与数据的拟合程度良好。本特勒和邹（Bentler & Chou，1987）指出：对于包含较多变量的模型来说，所有拟合指标均达到标准是比较困难的。本章的模型中共包含了 8 个潜变量，29 个测量题项，所以虽有部分拟合指标未能达到 0.9 的标准，但总体的拟合优度是可以接受的。由此可以看出，本章所提出的理论模型得到了数据的支持。

表 4.14 模型的各项拟合指标

指标	DF	χ^2	P	NFI	NNFI	CFI
指标值	481	739.003	0.000	0.901	0.947	0.946
指标	IFI	GFI	AGFI	RFI	RMR	RMSEA
指标值	0.947	0.840	0.813	0.848	0.035	0.050

4.5.4 消费类型的调节效应检验

如果变量 X 与变量 Y 的关系是变量 M 的函数，则称 M 为 X 和 Y 之间的调节变量。也就是说，Y 与 X 的关系受到第三个变量 M 的影响，其表示方法如图 4.3 所示。

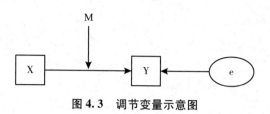

图4.3 调节变量示意图

在进行调节效应的检验时，应根据调节变量类型的不同来分别选择不同的检验方法。温忠麟（2005）等人对各类调节效应的检验方法进行了详细总结，对于自变量为连续潜变量，调节变量为类别变量的情况，需采用分组的结构方程分析来检验调节效应。本章采用 AMOS 软件中的多组分析功能，来分析消费类型对于服务场景中的社会要素与场景印象之间的关系是否具有调节作用。分析包括以下几个步骤：首先，进行无限制模型的分析，在无限制模型中所有参数都是自由估计，得到卡方值 χ_1^2 和自由度 df_1；然后，进行限制模型的分析，在限制模型中所有回归系数限制为相等，得到卡方值 χ_2^2 和自由度 df_2；最后，计算 $(\chi_2^2 - \chi_1^2) / (df_2 - df_1)$，如果新的卡方检验是统计显著的，则说明调节效应显著。AMOS 分析的结果如表4.15所示。

表4.15 调节效应的模型拟合结果

模型的类型	NPAR	CMIN	DF	CMIN/DF	P
无限制模型（所有参数都自由估计）	72	296.544	168	1.765	0.000
限制模型（所有回归系数限制为相等）	58	312.041	172	2.715	0.167
饱和模型	240	0.000	0	—	—
独立模型	30	2817.536	210	13.417	0.000

从上述消费类型分组比较的结果来看，无限制模型（所有参数都自由估计）和限制模型（所有回归系数限制为相等）的各个路径系数均存在比较明显的差异，且无限制模型的卡方值与自由度之比为1.765，限制模型的卡方值与自由度之比为2.715，通过比较可以看出，在对各个回归系数进行相等限制之后模型的适配度变低了。同时，无限制模型的 P 值小于0.001，而限制模型的 P 值大于0.5，进一步说明在对模型的回归系数进行限制后，模

型的拟合度有所降低。

进一步采用分组回归分析的方法对无限制模型和限制模型进行比较，发现卡方值发生了显著的变化，如表 4.16 所示。因此可以推断，消费类型对服务场景中的社会要素与场景印象的关系具有调节作用。

表 4.16　　　　　　　　　　　　**调节效应的 RMSEA 指标**

模型的类型	RMSEA	LO 90	HI 90	PCLOSE
无限制模型（所有参数都自由估计）	0.030	0.049	0.071	0.069
限制模型（所有回归系数限制为相等）	0.058	0.047	0.069	0.109
独立模型	0.243	0.235	0.251	0.000

表 4.16 的 RMSEA 指标在无限制模型中为 0.03，小于 0.05，说明无限制模型具有良好的拟合度；而限制模型中该值为 0.058，大于 0.05，说明限制模型比非限制模型的拟合度要低。

通过上述分析可以得到如下结论：限制模型和无限制模型的区别显著，说明消费类型（功能型消费和享乐型消费）对社会要素与场景印象的关系具有显著的调节作用。

4.6　本章研究的理论贡献与实践启示

4.6.1　研究的理论贡献

本章采用访谈法和调查法，对服务场景中物理性社会要素和服务人员要素的作用机理进行了研究，探讨了上述要素与顾客的场景印象、自我一致性及行为意向之间的关系，通过实证研究得到下面几点结论：

◎ 同氛围因素、设计因素等物理性环境要素一样，服务场景中的社会要素也是促使顾客形成良好场景印象的有效手段。通过实证研究可以发现：①物理性社会要素对场景印象的影响显著（$\beta = 0.310$，$t = 4.823$），这与前人

（胡海岩，2006）的研究结论一致，说明服务场景中带有特定社会意义的标识、图案、海报、音乐等物理性社会要素能够显著影响顾客对商店形象的感知；②服务人员要素对顾客的场景印象也具有显著的影响（$\beta = 0.398$，$t = 4.813$），进一步验证了服务人员是影响顾客服务体验的重要因素之一。

　◎ 顾客对服务场景的整体印象显著影响顾客的自我一致性判断。实证研究的结果表明场景印象对真实自我一致性（$\beta = 0.360$，$t = 4.947$）和理想自我一致性（$\beta = 0.280$，$t = 3.841$）的影响均显著，说明顾客所形成的场景印象是其进行自我一致性判断的重要前因。上述结果表明，同有形产品的消费一样，顾客在服务消费的过程中也在不断将服务场所的特性与自我概念进行比较，并对与自我概念相近或相似的服务场所表现出正面的态度和行为。

　服务场所与自我概念的一致性感知会使顾客形成对服务场所的认同感，认为其自我形象与该服务场所典型的顾客形象是一致和匹配的，在该场所消费是符合自己身份的，或者是可以提升自我形象的，因而会产生积极的心理和行为反应，如延长停留时间、向他人推荐该场所或再次光临该场所。真实自我一致性和理想自我一致性都会直接影响顾客的行为意愿，这与前人的研究成果是一致的。

　◎ 消费类型对服务场景中的社会要素与场景印象之间的关系具有显著的调节作用。研究结果表明：①在享乐型消费中，具有特殊意义的背景音乐、图案、海报、装饰品及标识等物理性社会要素对场景印象的影响（$\beta = 0.400$，$t = 4.352$）高于功能型消费中物理性社会要素对场景印象的影响（$\beta = 0.291$，$t = 3.741$）；②服务人员要素对场景印象的影响在享乐型消费（$\beta = 0.572$，$t = 2.341$）和功能型消费（$\beta = 0.531$，$t = 3.159$）中没有显著的差异，表明不论顾客的消费类型是功能型还是享乐型，服务人员都是影响顾客体验的重要因素。如果服务人员的仪表整洁得体、举止和行为恭敬有礼、且能够快速而准确地提供相应服务，将有助于顾客获得满意的服务体验。

　进一步将样本根据消费类型的不同划分为两个子集，再次进行模型验证之后发现：在功能型消费中，顾客的真实自我一致性对其行为意向的影响（$\beta = 0.255$，$t = 2.003$）高于理想自我一致性对其行为意向的影响（$\beta = 0.109$，$t = 1.689$）；而在享乐型消费中，顾客的真实自我一致性对其行为意向的影响（$\beta = 0.031$，$t = 2.068$）却低于理想自我一致性对其行为意向的影响（$\beta = 0.252$，$t = 1.989$）。由此可见，在不同的消费情景中，顾客会以不同的自我概念作为自我一致性判断的参照点。

4.6.2 研究的实践启示

本章研究结果表明，服务场景中的物理性社会要素和服务人员要素均对顾客情绪和认知具有显著的影响，这些社会要素是顾客形成场所印象的重要依据，也是顾客进行自我形象感知的重要来源，显著影响着顾客的行为意向。本章研究结果的实践启示如下：

◎ 管理者应该加强市场调查，加深对目标顾客自身特性及消费需求的了解，使服务场所的环境布置更符合顾客的自我形象，引发顾客的场所——自我一致性感知。例如，酒吧主要是年轻人休闲娱乐的场所，年轻人对自己的定义多为朝气、前卫和时尚，那么酒吧的环境设计应该采用绚烂的灯光、多变的色彩、动感的音乐、时尚的装饰和年轻的服务员；相对而言，商务人士多选择咖啡厅作为休闲场所，希望在紧张繁忙的工作之余得到身心的放松。因此，咖啡厅的设计应该采用柔和的灯光、素雅的色彩、高雅的音乐、富有文化内涵的装饰和衣着得体的服务人员。

此外，本研究还证实了在功能型消费中，真实自我一致性对顾客行为意向的影响要高于理想自我一致性；而在享乐型消费中，情况则正好相反。这说明随着消费情景的变化，顾客会以不同的自我概念作为参照点来进行认知判断。因此，管理者有必要通过市场调查对目标顾客的真实自我形象和理想自我形象加以充分、深刻的认识，并根据目标顾客来店消费的动机和类型的不同，对服务场景进行恰当的设计。

◎ 服务场所中富含社会意义的物理要素，如具有特定意义的背景音乐、与顾客形象或偏好相符的海报图案、人性化的标识、特别的装饰品等都能引起顾客的关注和感触，而且能够显著影响顾客对服务场所的整体印象，使其形成自我一致性感知，进而产生积极的行为意愿。罗森鲍姆（2006）研究了犹太人和同性恋者对服务场景中象征性要素的反应，发现图案、符号或者装饰品等象征性的服务场景要素能够唤起他们对某段历史的回忆或是对所属群体的身份认同，这些象征性的图案或者是装饰品让他们认为这是他们可以自由聚集在一起的地方，是可以被接纳和被欢迎的地方，进而使他们对这些场所产生强烈的心理依恋。因此，管理者应该加强对物理性社会要素的管理，充分发掘和利用服务场景中各类要素的社会意涵，进而对目标顾客产生强烈的吸引力和影响力。

◎ 研究表明：服务接触中员工的沟通行为对顾客的情绪和行为意向具有显著影响。因此，服务企业要在仪表着装、举止体态、语言沟通和交互行为等方面加强对服务人员的管理和培训。同时，要注重员工的情绪管理，力争使员工在工作中能够保持良好的情绪状态，防止服务人员的不良情绪对顾客产生消极的影响，积极营造服务人员与顾客之间良好的沟通和互动氛围。

▶▶▶▶▶▶▶▶▶

本章实例：某电信企业的服务礼仪与服务规范

服务礼仪是提供优质服务的前提，企业要想形成自身特色，提升服务形象，就必须加强对员工的礼仪培训，提高员工的自身素质和服务能力。服务礼仪标准主要包括：仪表着装、文明礼貌、言谈举止与服务态度等。

（1）仪表端庄

服务人员要做到仪容美观大方，保持良好的个人卫生习惯，不给他人造成不良的视觉形象。面部要修饰的洁净、卫生、自然。美容化妆原则是：适当、淡雅、庄重、扬长避短。

（2）着装得体

着装的基本规范是整洁、美观、得体，适合职业特点。禁止穿便服，工作时需佩戴员工卡，或在台前放置号牌，号牌佩戴或放置的位置应在用户视线监督的范围之内。

（3）待人礼貌

服务人员待人要有礼貌，努力做到细心、诚心、热心和耐心。诚恳待人，想客户之所想，急客户之所急，不断改进工作。在听取客户意见、向客户道歉以及需要特殊关照客户时，应该主动起立，表现出诚恳和尊重的态度。

（4）言谈有方

①恰当的称呼：服务人员对客户的称呼是否恰当，不仅反映了个人的修养和素质，还影响着服务的效果；②口齿清晰：不但是正常交流的基本要求，也是做好服务工作的一个先决条件；③语言标准：这是语言交际的前提，主要的要求是：讲普通话，发音正确；④语调柔和：要求服务人员在语音的高低、快慢、轻重方面多加注意。

（5）举止文雅

站姿端正，不叉腰、不抱胸、不背靠它物；坐姿端正，不倚背、不伸腿，不能趴在工作台上休息；行走轻稳，双目平视，不边走边大声谈笑喧哗；不在营业厅内奔跑追逐；与客户钱物交接时要唱收唱付，轻拿轻放，不抛不丢。

（6）微笑服务

微笑是一种通用的服务语言。发自内心地对顾客微笑，会表现出服务人员主动热情的服务态度，是对服务人员内在服务质量的一种检验标准。微笑的基本要求是齿不露、声不出，既不要故意掩盖笑意、压抑喜悦影响美感，也不要咧着嘴哈哈大笑。笑的得体、笑的适度，才能充分表达友善、诚信、和蔼、融洽等美好的情感。

（7）规范操作，避免犯错

服务人员应熟练掌握服务技能，严格遵循操作规范，能够及时对顾客需求予以响应，按照顾客的要求准确提供服务，避免在服务过程中出现错误、疏漏，给顾客带来不必要的麻烦和损失。

（8）服务态度

在工作中应心态平和自然、精神饱满、彬彬有礼，尊重风俗；有问必答，语气诚恳、解释耐心；对客户不教训、不责备；得理让人，不与客户争辩、顶撞，必要时可请示主管领导解决；工作有差错时，必须诚恳接受客户批评，并当面向客户道歉。

（资料来源：http://www.020kanaiji.com/05_20_1054_edu.html）

第 5 章

顾客之间的感知相容性
与顾客行为意向

5.1 顾客相容性的研究意义

在服务传递的过程中，顾客、服务人员、服务环境三者之间的互动是服务接触的重要内容。服务传递过程中的互动关系可以分为三种类型，即顾客与服务人员的互动、顾客与服务环境的互动以及顾客之间的互动。其中，服务人员和服务环境是服务企业可以控制的管理变量，因此，前两类互动关系的研究受到了广泛关注。相对而言，顾客之间的互动具有较强的不确定性，不能完全由服务企业加以控制，通常被认为是服务场景中的"背景因素"，对这类互动关系的管理尚未引起服务企业的足够重视。

在餐饮、购物、旅游、医院、影剧院、公共交通、美容美发等服务业态中，顾客通常需要共享服务时间、服务空间和服务设施，顾客之间的互动是普遍存在的现象。研究表明，顾客对于服务的满意程度与服务场景中的其他顾客密切相关（Wu, 2007；Huang & Hsu, 2010）。查尔斯·马丁和查尔斯·普兰特（Charles Martin & Charles Pranter, 1989）最早针对顾客相容性（Customer Compatibility）展开研究，指出如果服务场景中的顾客具有相似的偏好、特征、语言习惯和行为方式，则他们更有可能相互接纳和包容，并建立良好的互动关系。近年来，顾客相容性及其对服务体验的作用和影响逐渐引起人们的关注（Nicholls，2010）。

通过对已有研究成果的分析可以发现，虽然学界和业界已经对顾客相容性的重要性有所认识，但其维度构成和作用机理还未得到充分揭示，对于相容性与顾客情绪、认知和行为的关系还缺乏相关的实证检验。作者从顾客感知的视角，分析了顾客相容性的概念内涵和维度构成，验证了感知相容性与顾客情绪、感知服务质量和行为意向之间的关系。本章的研究充分说明：服务企业的管理者应重新审视顾客相容性的意义和作用，并通过设计完善的相容性管理策略来构建和谐、融洽的顾客交互氛围，进而改善他们在服务接触中的体验和感受。

5.2　顾客相容性的研究述评

5.2.1　顾客相容性的内涵与维度构成

服务的生产和消费离不开顾客的参与，服务传递通常是在许多顾客同时在场的情况下完成的，服务人员和顾客共同构成了一个临时的"社会环境"，每个顾客的服务体验都可能会受到其他"同伴顾客"（fellow customers）的影响。顾客之间的交互通常分为两种类型，一种是在同行的朋友、家人、同事、客户之间进行的"内部交互"；另一种是在服务场所中陌生顾客之间进行的"外部交互"。顾客相容性问题在后一种情况更为突出，也是本章关注的重点。

埃里克·兰格尔德（1987）等人在其提出的服务生产模型（servuction model）中明确指出顾客之间的互动是服务体验的重要影响因素。查尔斯·马丁（1989）等人最早对顾客相容性展开研究，但并未明确给出顾客相容性的概念，只是强调顾客会通过其他顾客的外貌特征、言谈举止来形成相容性感知，并进一步影响其对服务体验的满意程度。黎建新（2006，2009）

是国内最早进行顾客相容性研究的学者，他认为顾客相容性是服务场所中顾客的匹配程度，即顾客之间是相互冲突或摩擦的，还是相互共存或协调的。该定义对顾客相容性的内涵做出了较为准确的诠释。

本章则从顾客感知的角度对顾客相容性问题进行研究，认为"中心顾客"在与其他顾客交互的过程中，形成自身与其他顾客是否相容的感知，并进一步对其情绪或行为产生影响。这与帕拉苏拉曼（Parasuraman，1988）等人在开发 SEVQUAL 量表时提出的"顾客对服务质量的评价源于自身感知"的理念相似。这里的"相容"是指"中心顾客"由于感觉到其他顾客在人口特征、心理特征或行为特征等方面与自身具有一定的相似性，而对其他顾客表现出接纳、包容或认可的情感或态度。

早期对顾客相容性的研究主要基于关键事件技术（Critical Incidents Technology，CIT）等定性研究方法，按照顾客互动过程中的事件类型对顾客相容性的影响因素进行划分。例如，查尔斯·马丁（1989）利用 CIT 方法，结合因子分析等定量分析技术，将影响顾客相容性感知的行为分成交际型、邋遢型、不拘小节型、鲁莽型、粗暴型、不满型和享乐型七种类型。格罗夫和费斯克（Grove & Fisk，1997）采用同样的方法，将顾客之间的互动行为划分为规范行为（protocol incidents）和社交行为（sociability incidents）两种类型。这种划分方法与服务业态密切相关，具有较强的情景性。

与上述分类方法不同，一些学者站在顾客感知的视角，根据信息表现形式来对顾客相容性的影响因素进行划分。黎建新（2006）将影响顾客相容性感知的因素划分为其他顾客的规模（密度）、其他顾客的外部特征和其他顾客的言行三种类型。其中，顾客规模是指服务场所中顾客的数量和密度；顾客特征既包括顾客基本的人口统计特征（如性别、年龄、职业、婚姻状况等），也包括顾客的外貌、穿着、生活方式等；顾客言行则是指顾客的语言沟通和行为方式。

银成钺（2010）通过研究指出其他顾客的外观、行为以及个体间的语言交流都是顾客进行互动质量评价的重要依据。金立印（2008）在研究服务人员与顾客的互动关系时，采用类似方法将服务员工的行为划分为语言沟通行为、举止体态、辅助语言和身体外形四个维度。相对来说，这种维度划分方法的逻辑更为清晰，对于不同的服务业态也具有更好的适应性，因此，在本项研究中将采用类似的维度划分方法。

5.2.2 顾客相容性对服务体验的影响

随着顾客相容性的概念内涵和维度构成的逐渐清晰，人们开始进一步关注顾客的相容性感知对服务体验所产生的影响。查尔斯·马丁（1989）等人认为：服务场景中的其他顾客对服务体验的影响长期以来并未受到应有的关注。他们通过定性研究发现，顾客对服务的满意程度通常与服务场所中的其他顾客密切相关。顾客之间的异质性（heterogeneity）是导致顾客不满的主要原因，异质性主要源于顾客在外貌特征、沟通方式、行为习惯等方面的差异。近年来，人们开始从顾客规模（密度）、顾客特征、顾客语言和顾客行为等几个方面来研究顾客相容性与服务体验之间的关系。

服务场所中的顾客密度和拥挤程度是服务体验的重要决定因素。迈克尔·许和约翰·贝特森（Michael Hui & John Bateson，1991）通过实验研究发现这两个因素对顾客的情绪和行为有显著影响。如果服务场所中其他顾客的数量偏少，会让人感觉过于冷清，缺乏气氛；但如果环境过于拥挤、吵闹，将使顾客失去个人空间、降低其舒适感，进而产生焦虑和烦躁的情绪甚至导致过激行为。查尔斯·马丁（1989）的研究表明，顾客对拥挤的环境或冷清的环境均会表现出不满。汤姆斯（2003）等人将顾客密度作为"社会化服务场景"模型中的重要变量，并通过实验证实了它对顾客的情绪和行为意向具有显著影响。

个体在人际交往的过程中首先会根据沟通对象的外部特征形成对它的初始印象，具有相似特征的个体之间通常会相互吸引，即所谓的"相似性吸引"。同理，顾客也会根据服务场所中其他顾客外貌、年龄、性别、着装等基本特征来进行"相容性"的判断。格罗夫和费斯克（1997）指出其他顾客的基本特征，如年龄、婚姻情况、受教育程度等会对顾客的消费体验和购买意愿产生影响。人们对于那些与其自我概念相似或相近的人或事物存在心理上的亲近感，当两个个体具有相似的人口特征或心理特征时，他们之间的沟通将更加有效。针对旅游业的研究表明，一些年轻游客对旅游景点中或旅游团队中行走迟缓的老年游客感到不满；此外，一些本地游客会因为难以沟通而有意回避外地游客。银成钺（2010）指出：其他顾客的形象吸引力、着装和体味会对顾客的服务体验产生显著的影响。上述研究表明，外部特征是顾客形成相容性感知的重要因素。

语言也是顾客形成相容性感知的重要维度。史蒂夫·巴伦（Steves Baron，1996）等人对服务接触中顾客之间的口头交流进行了探索性研究，他们发现约有 12% 的顾客在家居零售店里与其他顾客进行了交谈，其他顾客的音量、语气、谈吐是否得体等都会对顾客的情绪产生影响。卡西·帕克（Cathy Parker，2000）等人发现在英国消费者中，顾客之间的语言交流是重要而普遍的现象，人们经常扮演着寻求帮助或提供帮助的角色。顾客之间可以相互提供关于服务组织和服务产品的信息，一起讨论和交流产品的经验或技巧，这种现象在自助服务的情况下更为常见。由于不存在商业利益，顾客会认为其他顾客提供的信息和看法更真实、更可信，这在高卷入度或高潜在风险的消费中尤为明显。上述研究充分说明：顾客之间良好的语言沟通有助于他们建立积极、健康的人际关系，并对服务体验产生正向的影响。

其他顾客的行为对顾客服务体验有重要影响。顾客之间友好的态度、谦恭的行为举止通常有利于改善其心理感受。例如，在旅游的过程中游客之间经常会互相帮助拍照、照看小孩或耐心等候，这些互助行为均能使游客感到愉快。此外，在等候服务的过程中，顾客之间可以通过聊天等方式消磨时间或转移注意力，避免产生焦虑等负面情绪。当然，顾客之间的交互也可能产生负效应。如果服务场所中有人表现出吸烟、插队、打闹、大声喧哗等不良行为，就会形成对其他顾客的"社会干扰"并使其产生不悦的情绪（赵晓煜，曹忠鹏，2009）。

应该注意的是：顾客相容性与服务体验的关系是具有情景性的，某种行为是否恰当与其发生的场合密切相关，一种行为在某些场合下是冲突的和消极的，而在另一些场合则可能是恰当的和积极的。例如，大声喊叫在很多场合被认为是不适宜的，但在观看演唱会或体育比赛时，却被认为是正当的，有助于改善顾客的体验。对相容性的感知还与个体的特征有关。例如，对其他顾客的吸烟行为，有的顾客觉得无所谓，有的顾客则会感觉难以忍受。一些老顾客会对新顾客的不断咨询感到厌烦，而另一些老顾客则会不厌其烦地帮助别人。管理者应该对这种情景性加以充分重视，并根据各种服务业态顾客交互的不同特征来设计最为适宜的管理策略。

随着人们对顾客相容性理解的逐步深入，相容性管理也开始受到关注。查尔斯·马丁（1989）指出顾客相容性管理是改善顾客交互质量的重要工具，他将这一管理概念定义为"吸引同质性顾客进入服务场所并主动管理实体环境以及顾客之间的交互，以增加满意接触和减少不满意接触的过程"。顾客相容性管理与服务需求管理、服务环境管理和服务人员管理等其他服务管理问题密切相关，已经逐渐形成了较为系统的管理内容，更加凸显出顾客相容性研究所具有的理论和实践意义。

5.3 顾客相容性影响顾客行为意向的理论模型

体验是服务营销中的重要研究主题，但人们对其内涵却并未达成共识。一般认为体验由生理因素、情绪因素、认知因素、社会心理因素共同构成，而且，不同服务业态中的体验具有鲜明的情景特征。现有关于顾客互动的研究中，大多是将顾客的满意程度作为服务体验的度量。但正如黄觉（Jue Huang，2010）等人指出：满意是对生理、情绪和认知进行综合后所产生的整体评价，因此，为了更为深入地理解服务体验的形成机理，有必要对感知、情绪、认知和意愿等因素加以综合考虑。

在对已有研究成果进行系统梳理和分析的基础上建立了本章的理论模型，如图5.1所示。由该模型可以看出：其他顾客是服务场景的重要构成要素之一，顾客在进入服务场所后，会根据其他顾客的数量、外部特征、语言和行为等因素分别形成空间相容性、特征相容性、语言相容性和行为相容性的感知。顾客的感知相容性对其情绪产生影响，同时也是顾客评价服务质量的重要依据；感知服务质量和情绪反应都会进一步影响顾客的行为意向（停留意向、消费意向和重购意向）。该模型描述了顾客在互动过程中由感知到情绪、认知再到行为意向的渐进心理过程，对顾客相容性的作用机理进行了较为细致的刻画。

在模型中，顾客相容性共包括四个维度，即空间相容性、特征相容性、语言相容性和行为相容性。其中，空间相容性是指顾客所感知到的服务场所中其他顾客的密度或数量的合适程度。如果服务场所中顾客的数量过多就会导致太过拥挤，影响服务体验。反之，如果顾客的数量太少就会显得过于冷清，降低消费意愿；特征相容性是指顾客之间在外貌、着装和其他人口统计特征（如年龄、婚姻状况等）方面的相似程度；在人的头脑中存储着关于各类人群的"刻板印象"，在人际交往的过程中首先会根据其他顾客的外貌对其做出先入为主的判断，形成对其的初始印象；语言相容性和行为相容性分别是指顾客对于其他顾客的言行接纳和认可的程度。由于语言和行为都具有较为丰富的内涵，因此将其划分为两个维度。

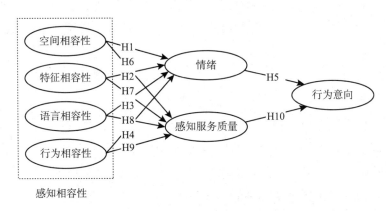

图 5.1　顾客之间感知相容性的作用机理模型

5.3.1　顾客的感知相容性与情绪、行为意向的关系

朱莉·贝克（Julie Baker，2002）认为在界定服务场景要素时，除了需要考虑有形或无形的物理因素外，还应考虑人际和社会因素。她指出服务机构的员工以及服务场所中其他顾客的仪表、人数和行为也会影响顾客的感知。因此，她将服务场景划分为氛围因素、设计因素和社会因素（主要指人

员因素）三个维度。汤姆斯和麦克考尔－肯尼迪（2003，2004）进一步突出了服务场景中人员因素的重要性，提出了"社会化的服务场景"模型，通过引入社会和情景要素对传统的服务场景模型进行了扩展。以服务场所中的人员密度、其他顾客的外显情绪和购买情景为前因变量进行了一系列探索性的研究，证实了上述变量均对顾客情绪和购买意向具有显著影响。

罗森鲍姆（2007）认为消费者通常会利用服务场景中的社会要素来判断自己是否与场所中隐含的社会规范或那些服务机构所认同的"理想顾客"的社会形象相一致，并由此来决定自己的趋避行为。他采用深度访谈的方法，归纳出服务场景中影响顾客进行自我身份判断的三类社会要素，即周边线索（服务场所中的顾客是否与自己具有相似的特征）、语言线索（服务人员或其他顾客的正面或负面的话语）、非语言线索（如怀疑或不信任的目光、不愿意理睬的态度等）。他进一步采用实证研究的方法验证了上述三类社会要素与顾客行为意向的关系。尤里奇（Uhrich，2010）指出：其他顾客是构成服务场景的重要因素之一，他以体育赛事为研究情景，验证了其他顾客的数量、外貌和行为对"中心顾客"的消费体验具有显著的影响。黄觉（2010）以旅游业为背景，对顾客的互动质量与服务体验的关系进行了研究，也得到了相似的结论。基于上述分析，提出如下的研究假设：

H1：顾客对于空间相容性的感知与其情绪有正向的关系；

H2：顾客对于特征相容性的感知与其情绪有正向的关系；

H3：顾客对于语言相容性的感知与其情绪有正向的关系；

H4：顾客对于行为相容性的感知与其情绪有正向的关系。

在服务业中，情绪反应对顾客的购买决策有重要影响。一些研究表明，积极情绪是正面行为意向的重要决定因素。例如，赵晓煜（2010）等以享乐型服务的典型业态——休闲餐厅为研究背景，证实了服务场景有助于调动顾客的正面情绪，进而使其产生重购意愿和推荐行为。刘英华和张守青（2009）对高档餐厅的服务场景进行了研究，结果表明愉悦和唤起都对顾客行为意向有显著影响。莱德哈里（Ladhari，2008）等人以餐饮企业为背景验证了顾客情绪、顾客满意和行为意向的关系。结果表明，积极情绪和消极情绪均通过满意对行为意向产生影响。

多诺万和罗斯特（1982）以 S－O－R（刺激—机体—响应）范式为依据，认为服务环境要素作为外部刺激作用于消费者，使其产生情绪反应并最终引起他们对服务场所的接近或远离的行为（或称趋避行为）。他们的研究证实了情绪在服务场景与顾客行为之间所起的中介作用，对于研究顾客的环境心理具有重要意义。通过上述分析可以推断：顾客在进入服务场所后，会通过其他顾客的数量、外貌、语言和行为等形成相容性感知，相容性感知会对顾客的情绪产生影响，而情绪又进一步作用于顾客的行为意向。可见，情绪在顾客的相容性感知和行为意向间起中介作用，因此，提出如下假设：

H5：顾客情绪对行为意向有正向的影响（H5a），且在顾客感知相容性的各维度和行为意向间起中介作用（H5b ~ H5e）。

5.3.2　顾客的感知相容性与感知服务质量、行为意向的关系

在关于服务场景的早期研究中，人们深入探讨了情绪在服务环境刺激与顾客消费行为之间所起的中介作用，但应该注意的是情绪只能对服务场景与顾客行为的关系给出部分解释，顾客对于服务环境的认知评价（如感知服务质量、感知服务价值等）也会对顾客的满意度和行为意向产生显著影响。比特纳（1992）指出：服务场景是服务产品的重要组成部分，顾客在服务消费的过程中会把服务场景作为推测服务质量的有形线索，对服务场景的感知将直接影响顾客对服务质量的评价。贝克（2002）进一步指出：顾客对服务质量的感知是以他对有形服务要素的评价为基础的，其他顾客是服务场景中社会要素的重要组成部分，能显著影响顾客对商品质量和服务质量的感知。

格罗鲁斯（Gronroos, 1982）最早提出了感知服务质量（Perceived Service Quality）的概念，他认为服务质量是被消费者感知到的，并将感知服务质量定义为"消费者对期望服务与实际感知的服务之间的比较"。帕拉苏拉曼（1988）等人建立了颇具影响力的感知服务质量测量量表——SERVQUAL量表。SERVQUAL 量表体现了服务人员、服务环境、服务流程是服务质量的重要决定因素，但却忽视了其他顾客的影响和作用，因此，探讨服务场所中

的其他顾客对感知服务质量的影响对于丰富这一概念的内涵具有理论和实践意义。因此，提出如下假设。

H6：顾客对于空间相容性的感知与其感知服务质量有正向的关系；

H7：顾客对于特征相容性的感知与其感知服务质量有正向的关系；

H8：顾客对于语言相容性的感知与其感知服务质量有正向的关系；

H9：顾客对于行为相容性的感知与其感知服务质量有正向的关系。

服务提供者都希望服务场景能使顾客产生对服务消费有利的行为意向，如重购意愿、增加消费金额等。泽丝曼尔（1996）和赵晓煜（2010）的研究均表明顾客对服务质量的感知对其行为意向有正向的影响，而且，感知服务质量是顾客从属或忠诚行为的决定因素。金佑坤（Woogon Kim，2009）等以主题餐厅为研究背景，探讨了服务场景中的各类要素对顾客情绪（愉悦）、认知（感知服务质量）和行为意向所具有的影响，研究结果表明愉悦的情绪和较高的感知服务质量水平将有助于引发顾客再次惠顾的意愿。

服务质量是顾客利益的重要影响因素。汪纯孝和温碧燕通过对旅游服务的研究发现：顾客感知的服务质量对其感知价值和行为意向有直接的影响，且通过感知价值对行为意向有间接地影响。埃泽（2007）的研究也表明感知服务质量与顾客忠诚行为之间存在着正向的关系。通过上述研究可以看出，服务环境中的各类要素（包括其他顾客）是感知服务质量的重要决定因素，顾客对服务质量的感知又会进一步影响其行为意向。可见，感知服务质量在顾客相容性与行为意向间起中介作用。因此，提出如下假设：

H10：感知服务质量对行为意向有正向的影响（**H10a**），且在顾客感知相容性的各维度与行为意向间起中介作用（**H10b ~ H10e**）。

5.4 研究设计与数据分析

5.4.1 概念测量和数据收集

通过对已有研究成果的回顾和总结，结合面向消费者进行的焦点小组访谈，经过细致的语意和内容分析，建立了顾客感知相容性的初始量表。通过实施预调研收集数据，利用 SPSS 17.0 统计软件包，采用单项与总分的相关分析、探索性因子分析（EFA）等方法进行题项的删除和调整，对初始量表进行了净化处理。在此基础上，重新设计了受访者自行填答的调查问卷。问卷包括以下三个部分：

第一部分测量被试对于刚刚光顾的服务场所中其他顾客的感知相容性。针对顾客相容性的 4 个维度：空间相容性、特征相容性、语言相容性和行为相容性，共筛选了 15 个测度指标。其中空间相容性选取了"合适的顾客数量"和"舒适的个人空间"两个指标来分别探查顾客对服务场所中的顾客数量和人员密度的感知（Tombs & Mccoll-kennedy，2004）；特征相容性通过"中心顾客"对其他顾客的"仪表和着装"、"外貌"、"表情"、"相似性"等外部特征的接受或认可程度来衡量（黎建新，2006）；语言相容性采用"用语得体"、"提供信息"、"不干扰他人"和"令人愉快"4 个指标来测度（Grove & Fisk，1997；银成钺，杨雪，王影，2010）；行为相容性的内涵最为丰富，其他顾客的行为是否"礼貌"、"友好"、"符合行为规范"、"不打扰别人"，是否能在其他人需要的时候"提供帮助"是相关文献中使用频率较高的几个指标（Huang & Hsu，2010；Grove & Fisk，1997；Uhrich & Ben-kenstein，2010）。

第二部分要求被访者填写他们对于服务体验的情绪反应、感知服务质量和行为意向。本研究采用语意差异量表对顾客情绪进行度量，从消费情绪文献中选择了 5 个使用频率较高的情绪测量指标，包括快乐/生气、有趣/无聊、放松/紧张、舒适/不适和满意/不满（Donovan & Rossiter，1982；Kim & MOON，2009）。以往的研究表明，感知服务质量的内涵相当丰富，需要采用较多的指标来进行度量。但由于本章采用拦截调查的方式，需要控制问卷的题项总数来尽量缩短调查时间以保证调查质量。因此在设计问卷时，将感知服务质量当做单维概念来处理，采用 4 个操作性指标对其进行测度（赵晓煜，曹忠鹏，2010）。行为意向量表中的 4 个题项，即"停留意愿"、"再次惠顾意愿"、"推荐意愿"和"增加消费额意愿"均取自于泽丝曼尔（1996）等人的研究。以上指标均采用 7 点制的 Likert 量表进行测量，从非常不同意（1）到非常同意（7）。具体的题项设计可参见表5.2。问卷的最后一部分是与被试者有关的个人信息，如性别、年龄、个人月收入等。

本书站在顾客感知的角度来探讨顾客相容性的作用机理，由于"中心顾客"对服务场所中其他顾客的相容性感知及其导致的情绪变化的存续时间都是较为短暂的，因此，有必要在服务现场对上述变量进行实地测量以保证测量的准确性。基于上述考虑，采用现场调查的方式收集数据。在沈阳市某繁华商业区选择了两家餐厅、两家美发厅、两家服饰店共计六家存在顾客交互行为的典型服务机构展开调查。之所以将调查地点选择在繁华商业区，是因为这里的人员构成相对多样化，能较为全面的考察"同质"和"异质"顾客对于被试的影响。

由于服务企业的其他质量因素（如服务环境、服务人员和服务流程等）也会对顾客的行为意向产生影响，因此，特别选择了具有良好服务环境和较高服务水准的六家服务机构作为样本企业，以尽可能地保证顾客的行为意向，尤其是负面的行为意向主要来自于顾客相容性的影响。具体的调查方法是：在这六家店铺的出入口分别安排调查人员，从即将离开的顾客中随机选取被试，向其简要说明调查的目的，在征得其同意后邀请其填写调查问卷。因为顾客的数量和构成都会随时间发生变化，因此，分别选取一天内的不同时间段来进行数据的收集，使数据能更为全面地反映被试在不同情境下的相容性感知。通过调查共收集问卷360份，其中有效问卷326份，有效率达90.56%。

5.4.2 数据分析

采取两阶段方法进行数据分析。首先，利用结构方程模型（SEM）软件AMOS 17.0对测量模型进行验证性因子分析（CFA），探查所采用的观测变量能否较好的反映对应的潜变量。在第二阶段，采用结构方程模型对所提出的理论模型进行检验，探索顾客的感知相容性对其行为意向的作用和影响。

表5.1给出了被访顾客的人口统计特征。326位提交了有效问卷的参与

者在性别、年龄、教育程度和月收入水平等方面均具有较好的代表性，样本能够较为全面地反映各类人群的心理感受。

表 5.1　　　　　　　　　　样本的人口统计信息

人口统计变量	变量取值	人数（人）	百分比（%）
性别	男	154	47.24
	女	172	52.76
年龄（岁）	小于 18	27	8.28
	18～30	78	23.93
	31～40	91	27.91
	41～50	72	22.09
	51～60	46	14.11
	60 以上	12	3.68
教育程度	专科以下	102	31.29
	专科	96	29.45
	本科	78	23.93
	硕士	41	12.58
	博士及以上	9	2.76
月收入（元）	1000 以下	42	12.88
	1000～2000	63	19.33
	2000～3000	97	29.75
	3000～5000	79	24.23
	5000～10000	32	9.82
	10000 以上	13	3.99

（1）测量模型的检验

按照两阶段方法，首先采用验证性因子分析（CFA）对测量模型进行了检验。每个题项（可观测变量）与对应的潜变量相联系。在分析过程中，允许潜变量相互关联。

问卷的信度利用 Cronbach's α 系数进行评估。由表 5.2 可以看出：7 个潜变量的 α 值在 0.910～0.951，均超过了 0.7 的标准，表明量表具有较好的内部一致性，可以对潜变量进行可靠的测量。

表 5.2　　　　　　　　　**测量模型的验证性因子分析**

构念	题项	标准化的因子载荷	Cronbach's α系数	AVE 值
空间相容性	店铺中的顾客数量比较适中，既不过于拥挤，也不显得冷清	0.980	0.923	0.884
	顾客有宽敞的个人空间，能舒适的接受服务	0.899		
特征相容性	其他顾客的仪表和着装整洁得体	1.000	0.946	0.826
	其他顾客的表情亲切友善	0.837		
	其他顾客的外貌令人产生好感	0.868		
	从表面上看，我与其他顾客有很多相似的地方	0.922		
语言相容性	其他顾客在交流时能够使用得体的语言	0.997	0.946	0.823
	与其他顾客的对话使我获得有用的信息	0.865		
	其他顾客之间的语言交流不会对我造成干扰	0.902		
	与其他顾客的语言沟通令人愉快	0.858		
行为相容性	其他顾客的行为礼貌而得体	0.998	0.951	0.807
	其他顾客的行为符合服务场所的规定和要求	0.853		
	其他顾客表现出友好的行为	0.925		
	在我遇到问题时其他顾客能给予及时地帮助	0.777		
	其他顾客的行为不会对别人造成干扰	0.922		
情绪（语意差异量表）	在该店铺的经历是（快乐——不快）的	0.999	0.924	0.675
	在该店铺的经历是（有趣——无聊）的	0.748		
	在该店铺中我感到（放松——紧张）	0.757		
	在该店铺的消费过程让我感到（舒适——不适）	0.793		
	这次消费经历让我感到（满意——不满）	0.786		
感知服务质量	该店铺的整体服务质量令人满意	0.980	0.910	0.689
	该店铺提供的服务达到了我的期望	0.772		
	该店铺能够为顾客提供周到的服务	0.760		
	在该店铺消费我感到放心	0.789		
行为意向	店铺的氛围使我愿意多待一会儿	0.992	0.911	0.709
	我愿意向亲人和朋友推荐这家店铺	0.782		
	我愿意再次光顾该店铺	0.819		
	以后来该店铺我会更多的消费	0.756		

分析结果还表明：所有题项在其所对应的潜变量上都具有较高的标准化因子载荷（取值在 0.748 ~ 1.000），且均在 0.01 的水平上显著，满足了收

敛效度的要求。另外，所有潜变量的平均方差提取量（AVE 值）都超过了0.5 的最低要求，表明指标可以解释潜变量的大部分变差。进一步通过将每个潜变量的 AVE 值的平方根与潜变量间的相关系数进行比较来检验量表的区别效度。通过表 5.3 可以看出，每个潜变量的 AVE 值的平方根都要大于潜变量间的相关系数，区别效度通过检验。综合以上的分析结果可以看出，所设计的测量工具具有较好的信度和效度。

表 5.3　　　　　　　　　　区别效度的分析结果

潜变量	均值	标准差	A	B	C	D	E	F	G
空间相容性 A	3.980	1.567	0.884						
特征相容性 B	3.535	1.254	0.407	0.826					
语言相容性 C	3.608	1.269	0.421	0.227	0.823				
行为相容性 D	3.689	1.196	0.273	0.119	0.192	0.807			
情绪 E	3.582	0.769	0.452	0.404	0.458	0.409	0.675		
感知服务质量 F	3.607	0.768	0.440	0.400	0.442	0.395	0.382	0.689	
行为意向 G	3.551	0.736	0.337	0.271	0.314	0.238	0.485	0.463	0.705

采用 χ^2 检验和常用的拟合指标对 CFA 模型的总体拟合程度进行了检验。本研究中，测量模型的 χ^2 值在 $p = 0.05$ 的水平上显著，表明数据与模型的拟合似乎并不理想。然而，由于在样本量较大时 χ^2 检验通常会趋于显著，因此，进一步采用其他常用的拟合指标来帮助判断。各项拟合指标的具体数值为：$\chi^2/df = 1.148$，GFI = 0.924，CFI = 0.995，NFI = 0.961，RMSEA = 0.021。可以看出，拟合度符合相应的要求，数据与模型的拟合程度良好。

（2）结构模型的检验

在验证了测量模型后，进一步采用结构方程模型（SEM）的方法对理论模型进行了检验。结构模型的 χ^2 值为 380.554，自由度为 334。$\chi^2/df = 1.139$，GFI = 0.923，CFI = 0.995，NFI = 0.961，RMSEA = 0.021。所有指标均表明数据与模型的拟合良好。

表 5.4 给出的参数估计结果表明：感知相容性的 4 个维度对情绪和感知服务质量均有显著影响，假设 H1～H4 及 H5～H9 均成立。分析结果还表明

情绪和感知服务质量是顾客行为意向的关键决定因素，H5a 和 H10a 得到验证。为进一步探查情绪和感知服务质量对行为意向的交互作用，以情绪、感知服务质量及二者的乘积项作为自变量，行为意向作为因变量进行多元线性回归分析。分析结果显示：情绪和感知服务质量的标准化回归系数均显著，但二者乘积项的回归系数并不显著（$\beta = 0.025$，$t = 0.446$，$p = 0.656$），表明在本章的研究情景下，情绪和感知服务质量之间不存在显著的交互效应，二者对行为意向的影响是相互独立的。

表 5.4　　　　　　　　　　　　结构模型的检验结果

假设路径	标准化路径系数	C. R. 值	结论
H1：空间相容性→情绪	0.175	3.594***	支持
H2：特征相容性→情绪	0.295	6.228***	支持
H3：语言相容性→情绪	0.349	7.098***	支持
H4：行为相容性→情绪	0.332	6.908***	支持
H5a：情绪→行为意向	0.323	6.178***	支持
H6：空间相容性→感知服务质量	0.177	3.552***	支持
H7：特征相容性→感知服务质量	0.280	5.909***	支持
H8：语言相容性→感知服务质量	0.309	6.419***	支持
H9：行为相容性→感知服务质量	0.345	7.258***	支持
H10a：感知服务质量→行为意向	0.342	6.632***	支持

注：*** 表示 $p < 0.001$

（3）中介效应检验

根据巴伦和肯尼（1986）的建议，在预测变量和结果变量间存在中介效应需满足以下四个条件：一是预测变量应显著影响假定的中介变量；二是假定的中介变量应显著的影响结果变量；三是预测变量显著影响结果变量；四是当在预测变量和结果变量间加入假定的中介变量后，预测变量和结果变量间的关系强度显著降低或消失。

按照上述检验程序对情绪和感知服务质量的中介效应进行检验。例如，以空间相容性为自变量，情绪为中介变量，行为意向为因变量进行检验的程序如下：一是通过相关分析验证了空间相容性对情绪的作用显著（t = 9.112，p < 0.001）；二是通过相关分析验证了空间相容性对行为意向的影响显著（t = 6.448，p < 0.001）；三是通过相关分析验证了情绪与行为意向的相关关系显著（t = 9.983，p < 0.001）；四是以空间相容性和情绪为自变量，行为意向为因变量进行回归分析，分析结果表明，情绪与行为意向的关系仍然显著（t = 7.753，p < 0.001），而空间相容性与行为意向之间的相关性显著降低（t = 2.754，p = 0.006）。上述研究结果表明，情绪在空间相容性和行为意向间起到部分中介作用。

按照同样的程序，分别以感知相容性的 4 个维度为自变量，情绪和感知服务质量为中介变量，行为意向为因变量，对每种组合逐个进行中介效应的检验，检验结果表明在 8 种组合中（2×4）情绪或感知服务质量均具有完全中介效应或部分中介效应，H5b ~ H5e 以及 H10b ~ H10e 得到验证。这说明顾客的感知相容性一方面对行为意向具有直接的影响；另一方面，还通过情绪和感知服务质量对行为意向产生间接的影响。

5.5 本章研究的理论贡献与实践启示

5.5.1 研究的理论贡献

服务场景作为服务营销组合中的重要因素受到了广泛的关注，但现有研究多集于服务场景中的氛围因素（如音乐、灯光、温度等）、设计因素和服务人员对顾客的影响上，其他顾客往往只是被当做服务场景中的"背景因素"，顾客间的互动对服务体验的影响尚未得到足够的重视，相关的实证研究更是非常有限。本章通过对顾客间交互和顾客相容性已有研究成果的总结，建立了反映顾客之间的感知相容性与其行为意向关系的理论模型，并通过对调查数据的统计分析对相关的理论假设进行了检验，其理论意义主要体现在以下几个方面：

◎ 通过对顾客相容性的内涵及其影响的分析和总结，建立了反映感知相容性与顾客行为意向之间关系的理论模型，对顾客相容性的作用机理进行了较为细致的刻画。实证研究证实了感知相容性与顾客的情绪和认知等体验因素均显著相关，进而对顾客的行为意向产生影响。研究结果表明：同服务营销组合中的其他要素一样，共享服务时间和服务空间的顾客之间的相互感知同样是服务体验的重要影响因素，加强对顾客交互和顾客相容性的管理是服务企业优化顾客体验、提升管理绩效的一种有效手段。

◎ 关于顾客相容性的已有研究多是基于定性方法（如关键事件技术）对这一概念的内涵和外延进行分析，虽然对其维度构成已经形成了较为系统化的认识，但相关的测量量表还未被开发和检验。本章在以往定性研究的基础上，从顾客感知的角度对相容性的维度构成进行了分析和梳理，构建了包括空间相容性、特征相容性、语言相容性、行为相容性 4 个维度，共计 15个测量指标的顾客相容性测量量表。实证研究的结果表明，该量表较为全面地反映了顾客相容性这一概念的内涵和外延，且具有良好的信度和效度，为未来进行顾客相容性的理论研究和管理实践提供了一种可资借鉴的测量工具。

◎ 服务质量是顾客行为意向的重要决定因素，已有的研究证实了服务企业的环境、流程、人员、设施设备是保证服务质量的关键因素。本章的研究结果表明：顾客相容性对感知服务质量也具有显著的影响，其他顾客的数量、外部特征、语言和行为也是顾客形成质量感知的重要因素，这为服务质量管理提供了一个全新的视角。服务企业和服务员工可以通过合理的控制服务场所中的顾客数量、清晰的确立服务定位以吸引具有相似特征的顾客、正确地引导顾客遵守服务场所的语言和行为规范等管理手段来形成和谐融洽的服务氛围，从而使顾客获得更为愉悦的服务体验和感受。

5.5.2 研究的实践启示

本章的研究结果表明：顾客的相容性感知由其他顾客的数量与规模、外部特征、语言和行为等四类因素决定，且对顾客的服务体验有显著影响。因此，服务企业应将相容性管理作为改善顾客服务体验的有效手段，并在管理实践中从上述四个角度来设计顾客相容性的管理措施并对其加以综合运用，通过创造和谐融洽的交互环境来改善顾客的体验和感受。

◎ 顾客的规模和密度是服务体验的重要影响因素，服务企业要综合运用各种手段加强对顾客数量的管理。首先，应该对服务环境进行合理的规划和设计，通过服务设施的合理布局来调整顾客的密度，使其获得相对舒适的个人消费空间，尽量避免每位/每组顾客受到其他顾客的干扰。此外，由于服务具有易逝性，无法通过库存等手段来保证生产和消费之间的相对均衡，因此，对于服务企业来说，加强顾客需求管理就显得尤为重要。服务企业可以通过合理运用排队和预订等手段来平衡供需之间的矛盾，在可能的情况下（如金融服务），应提倡顾客使用自助服务技术，尽量避免给实体服务场所带来过大的服务压力。

◎ 服务企业有必要更为清晰地界定目标顾客和市场定位，并通过广告、公共关系、人员推销等各种营销传播手段向消费者传达上述信息，这有助于吸引具有相似特征的顾客，防止异质或不相容顾客组合的形成。但随着竞争的日趋激烈，服务企业可能需要同时满足多个细分市场的需求，这时顾客的异质性不可避免。这就要求服务人员在服务现场有意识的对顾客特征进行观察和识别，将具有相似特征的顾客引导到同一区域，而将差异较大的顾客相互隔离，从而避免异质顾客之间互相干扰，使顾客在融洽的服务氛围中获得良好的服务体验。

◎ 其他顾客的语言和行为也是相容性感知的重要影响因素。加强顾客教育对于规范顾客言行具有重要作用。一方面，服务组织应通过广告、宣传手册、服务场所中的各种标识、一线员工的引导、示范等多种手段加强与顾客的沟通，使其了解在服务场所中应该遵守的语言和行为规范；另一方面，应加强对服务人员的培训，强化他们在顾客相容性管理方面的意识和技能，使其积极主动的与顾客进行沟通，告知服务规则，引导顾客行为。在服务过程中，员工有责任对顾客的正面或积极的行为给予褒奖和鼓励，对违反服务规则的顾客行为予以提醒或制止，引导顾客共同构建和谐融洽的服务氛围。

▶▶▶▶▶▶▶▶▶

本章实例：顾客的喧哗行为及对策

（1）喧哗现象及不良影响

在我国，部分顾客在服务场所大声喧哗是较为普遍的现象，这种行为对服务场所中的其他顾客产生了不同程度的干扰和影响，是引发负面服务体验的重要因素。古往今来，"食不言"一直是我们用餐的传统礼仪，然而我们在餐厅看到的就餐情形，却很难和"不言"画上等号。在许多餐馆中，经常可以看到一些顾客毫无顾忌地大声交谈、高声说笑，还会不时高声催促服务员上菜，严重影响相邻就餐者用餐的心情和感受。

医院作为特殊的公共场所，必须为患者营造安静的环境。然而在一些医院内，仍能听到一些人高声喧哗，破坏了安静环境，影响了患者休息。公交车作为公共交通工具，每一名乘客都有义务维护乘车秩序。然而，在一些公交车上，却总是出现一些让人无法忍受的声音。个别乘客总是旁若无人地高声交谈，完全不顾其他乘客的感受。一些接打手机的乘客，更是放开嗓门通话"喂喂"声几乎盖过了车辆报站的声音。在公交车上大声喧哗，不仅影响其他乘客的心情，还会对司机的驾驶造成干扰，甚至引发安全事故。

（2）治理办法

媒体倡导。人们在服务场所中表现出的道德素质高低，是衡量一个城市现代文明程度的一项重要指标，媒体有义务积极倡导公民不要在公共场所大声喧哗。通过不懈的倡导和呼吁，一定能够引起全社会的关注，早日摒弃公共场所中大声喧哗的陋习，提升城市品位。

树立提示牌。许多公共场所目前没有"禁止喧哗"的标识。人们看不到标识，也就难以意识到大声喧哗是一种不文明的行为。因此，公共场所应在醒目位置设置"禁止喧哗"标识，提示广大市民。

管理人员提示。对于个别人的喧哗行为，公共场所的管理人员负有提示的义务。例如，公交车司机的责任不只是开车，同样负有维护其所属公共场所秩序的义务。同样，饭店的服务员上菜时也应轻声轻语，给顾客做个表率，同时提醒顾客不要大声喧哗。

（3）实例——青岛市有了"餐桌消音员"

2011年，青岛市啤酒街管理中心派出一支管理队伍，专门劝导顾客和商家文明饮酒，被人们称为"餐桌消音员"。

青岛的啤酒街在进入夏季后开始在夜间露天经营，为了避免对周围群众的生活造成干扰，啤酒街管理中心承担起劝导的任务。一名管理人员介绍道："你要微笑服务，顾客高声狂欢肯定是酒喝在兴头上，这个时候要是板着脸去告诉人家不要大声喧哗，不但没效果还有可能引发冲突。要劝导顾客，就必须全程保持真诚的微笑。第二点就是界定什么是喧哗，一般的交谈肯定不超标，影响周围人的吆喝、用麦克风当街唱卡拉OK就需要及时劝阻"。

在啤酒广场上，一些在这里纳凉的居民邀请值班的"消音员"喝口茶。他们已经和天天巡逻的"消音员"相熟。"有了他们，我们就能安心睡觉了。"居民廖先生说，以前窗外卡拉OK声音太响，夏天睡觉都不敢开窗。今年这样文明饮酒，附近居民最受益。

（资料来源：佚名. 嘘——"喧哗哥"能否静一静 ［N］.
羊城晚报，2011 - 09 - 14 （A3））

第 *6* 章

服务场景中的人员要素与
顾客的社会心理利益

6.1 服务价值的层次性与顾客
的社会心理利益

顾客的服务需求具有层次性，不同层次需求的满足可以使顾客获得不同的价值感知。斯威尼和苏塔（Sweeney & Soutar，2007）通过对零售业的实证研究，提出了度量顾客价值的四个维度：一是质量/性能价值（quality/performanee value），指顾客从感知质量和期望绩效的比较中所获得的利益；二是价格价值（price/money value），指短期和长期感知成本的降低给顾客带来的利益；三是情感价值（emotional value），指顾客从消费的情感状态中获得的利益；四是社会价值（social value），指顾客通过消费过程中的人际互动提升了自我概念而获得的心理利益。其中，前两个维度可以归结为功能型价值，后两个维度可以归结为情感型价值。

国内著名的市场调查公司——零点调查集团提出了服务价值层级模型，将服务价值划分为"便利、快速、规范、尊重、默契"五个层级，从满足一般的功能性需求到满足高级的内心情感需求逐级递增。对于不同的服务行业，每一层级价值的内涵相同但具体内容有所差异。在五个层级中，从顾客感知的角度又可以大致划分为偏重物理层面的感知（包括服务的便利性、快速性和规范性）和偏重个人体验的感知（包括尊重和默契）。各层级的具体含义如表6.1所示。

表6.1 　　　　　　　　　　服务价值层级模型中各层级的含义

层级	含义
便利	顾客对服务易获取性的主观评价
快速	顾客对商家提供服务时的行为效率的主观评价
规范	顾客对商家准确可靠地履行服务承诺的主观评价
尊重	顾客对服务过程中体验到的商家对消费者的重视程度以及从中获得的心理满足感的主观评价
默契	顾客对商家提供服务时对其需求的了解度和响应度，以及根据顾客需求提升服务的契合性的主观评价

以往对服务场景的研究更多关注的是如何满足顾客的功能利益和财务利益，但对顾客的社会和心理需求关注的不够。大量的研究已经表明，顾客光顾某种场所不仅是为了满足自己的功能性需求，也是为了满足自己的社会和心理需求，如自尊、自我认同、归属感、社会交往、认同感、支持感等。顾客通过对服务场景中人员性社会要素的判断，以确定自身的社会心理利益是否得到满足。顾客的这些社会和心理利益感知进而决定顾客对服务场所是否产生依恋，进一步影响其服务消费的态度和行为。

本章将对服务场景中的人员性社会要素与顾客的社会心理需求（包括顾客的自我价值感、归属感、认同感和支持感）、行为意向以及场所依恋之间的关系进行系统的研究。基于自我价值感理论、归属感理论、支持感理论、认同感理论以及场所依恋理论构建服务场景中的人员性社会要素对顾客的心理和行为的作用机理模型，揭示服务场景中的社会要素对于顾客的情感价值和社会价值。

6.2 顾客社会心理利益的类型

6.2.1 认同感

顾客对企业的认同感是指顾客通过将个人身份与企业形象相比较而产生的与企业"相似"或"一致"的感知，是个体为了满足自我定义的需要而表现出来的情感。根据社会认同理论，人们需要通过人际联系和社交活动来感知自己是某个群体的成员，具有从属于某个群体的身份，这种对自我身份的确认将自我与他人联系或区别开来。也就是说，企业在满足顾客功利性需求的同时，还应使顾客感受到自身所具有的"社会身份"，以满足他们自我定义需要。

研究表明，人们对组织的认同是以他们对企业核心特征的认知为基础的，受企业形象与个体身份的相似性、企业身份的独特性和企业声望等因素的影响。首先，个体总是试图维持在时间和空间上相对稳定和持续的自我认知，因此，当顾客的自我概念与企业形象相匹配时，企业对其就更加具有身份吸引力。其次，人们在追求与他人相似性的同时又有保持个体独立性的需求，因此，企业形象的独特性也是决定其吸引力的重要因素；最后，个体还有自我强化的需求，顾客对高声望企业的认同使他们能够分享企业的荣耀，增强自我价值感。

企业形象需要通过多种要素来体现，具体包括企业的基本特征、核心价值观和企业能力等。企业的基本特征是指企业所在的行业、经营规模、市场定位、来源国、地理位置、领导层及员工的外部形象等；核心价值观由企业的经营理念，组织使命和领导原则来体现；企业能力可以通过企业的声誉和知名度来间接的反映。近年来，企业的社会责任行为也被证明是影响顾客认同感的重要因素。

顾客的认同感对于其行为具有重要的影响，具体可以归纳为以下三点：

一是客户忠诚。认同企业的顾客会表现出持续而专一的消费意愿；二是自愿维护，认同企业的顾客对关于企业的负面消息有更强的抵抗力，同时也会对企业提出更高的要求；三是客户的从属行为。例如，对企业持认同态度的顾客会自发的为企业进行正面宣传，帮助企业招来更多的潜在顾客。

6.2.2 归属感

美国心理学家亚伯拉罕·马斯洛（Abraham Maslow，1954）最早提出"爱与归属"是人类重要的心理需求，他将归属感定义为个体与所属群体间的一种内在联系，是认知主体对特定群体及其从属关系的确定、认同以及维系，是个体与所属群体的亲密程度。归属感可分为对个体、对组织的和对环境的归属感，且随着个体所处环境的变化呈现出一定规律，例如，个体在青少年时期对父母具有较强的归属感，在中年时期对组织和家庭具有较强的归属感，而在老年时期则对自然的具有较强的归属感。

美国著名的组织行为学者摩根和亨特（Morgan & Hunt，1994）认为，归属感包含三种类型，即情感性归属感、持续性归属感和道义性归属感。情感性归属感指顾客由于对组织存在情感上的喜爱、偏好或依恋而形成的归属感；持续性归属感指顾客因转换成本过大或缺乏转换机会而不得不与组织维持关系；道义性归属感指顾客出于道义责任，觉得自己应该继续保持与企业之间的业务关系。

每个人都有"归属"的需要，特别是在当前的社会环境下，归属感对个体的情感生活起着越来越重要的作用。个体都害怕孤独和寂寞，希望自己归属于某个或多个群体，如家庭、工作单位或其他组织，以便从中得到温暖、帮助和爱，消除或减少孤独和寂寞感，进而获得心理安全感。而且，归属感还会促使个体表现出对归属对象的责任感。

6.2.3 支持感

支持感是指个体从其所拥有的社会关系（如家人、同事、朋友，以及所属的单位、团体和社区等）中获得的物质和精神上的支持，它对个体的心理健康具有积极的促进作用。李强（1998）认为：支持感能够帮助个体减轻心理应激反应、缓解精神紧张状态、提高社会适应能力。

根据资源性质的不同可以将支持感划分为四种类型：一是情感支持，是指个体被他人尊重和接纳，或是在其身处困境时获得情感上的安慰和帮助；二是信息支持，即个体从他所属的社会网络中获得有助于解决问题的指导或建议，又称建议支持；三是物质支持，是指个体获得的财力帮助、物资资源或所需服务等，又称工具支持；四是陪伴支持，指与个体共度时光，从事消遣或娱乐活动，帮助个体减轻压力，又称娱乐支持。

支持感对于消费者的日常生活具有特别的意义。罗森鲍姆（2006）通过研究发现部分光顾服务场所的顾客不仅是为了满足他们的消费需求，也在寻求他们对友谊和情感需求的满足。在这些场所中，人们能够从其他顾客及服务人员身上感受到情感及精神上的支持。对于这些消费者来说，这些服务场所也是"家庭般的场所"。而且，随着顾客从商业友谊中获得的友爱和情感支持的增加，他们的忠诚度也在提高。

6.2.4 自我价值感

自我价值感是在自我判断、评价的基础上形成的一种稳定的态度和情感，是个体在经历了人际交往和社会实践之后，通过自我审视而产生的一种关于自我的认知。那些对自己持积极或肯定态度的人，被认为具有高水平的自我价值感；而对自己持消极或否定态度的人，则被认为具有低水平的自我价值感。

自我价值感是一个多层次的概念，分为一般自我价值感和特殊自我价值感。一般自我价值感是个体对自我的总体性、综合性的评价；特殊自我价值感是指个体在特定领域内的自我评价，如外貌、学习能力、运动能力、社交能力等。特殊自我价值感通常是多维度的，包括身体自我价值感、情绪自我价值感、学业自我价值感和社会自我价值感等。自我价值感是自我的一个重要方面，对个体的情绪、认知和行为具有显著影响，也是影响个体心身健康的重要因素。

自我价值感主要源于自我感觉、社会比较和反映评价三种途径。自我感觉是个体对自身的感受和定义，由真实自我与理想自我之间的差距决定。真实自我是自我中已经实现的部分，理想自我是自我中期望达到的部分，二者的差距越大则个体的自我价值感越低，反之，个体的自我价值感越高。此外，自我感觉还与个体成长的环境和经历密切相关。社会比较是个体通过与他人的比较来进行自我衡量；反映评价是指个体从他人那里得到的关于自我的评价和信息。

查尔斯·库利（Charles Cooley，1902）认为，个体与其所属社会网络的人际交互对其形成自我概念具有显著的影响，个体通过与其他个体或群体的交流，来获得他人对自己的看法和评价，这些看法和评价就像一面镜子，个体从"镜"中认识自己、评价自己，获得自我的影像，并形成与之相联系的、带有情感与评价性质的内容，即自我价值感，这就是所谓的"镜中自我"。

6.2.5　场所依恋

场所依恋（place attachment）理论由威廉姆斯和罗根布克（Williams & Roggenbuck，1989，1992）提出，是目前国际上进行旅游、休闲等服务业态研究时被广泛应用的热点理论之一，但在我国却相对处于空白状态。场所依恋指的是"个体对特定的地点或场所具有的依恋关系"，一般认为该概念包括"场所认同"（place identity）和"场所依靠"（place dependency）两个维度。场所认同是指消费者对场所的一种精神性依赖，这种依赖基于个体对于场所的情感、认知和消费实践。研究表明，服务管理者加强消费者对服务场所情感依赖的关键在于通过社会性的要素建立与消费者之间的情感纽带（Droseltis & Vignoles，2009）。"场所依靠"指一种功能性依赖，指的是消费者对服务场所功能性设施的依赖。功能性设施是保证服务传递顺利完成的物质条件，经过科学规划的功能性设施能承载具体的服务功能，体现了场所提供的资源及设施对个体开展活动或达成目标的重要性。

场所依恋理论对服务管理具有重要的指导作用，相关研究已经表明，场所依恋与顾客忠诚（认同、重购、口碑）之间存在显著的关系。目前，西方学

者已经以旅游业、休闲服务业为背景，在场所依恋的概念测量、形成机理方面
进行了大量的研究，这些成果对本章的研究具有重要的参考和借鉴意义。

6.3 服务场景中的人员要素与顾客社会心理利益关系的理论模型

6.3.1 理论模型

综合上述分析，提出本章的理论模型，如图 6.1 所示。该模型的具体含
义为：服务场景中的人员性社会要素对顾客的心理和认知具有显著影响，是
满足顾客社会需求和心理需求的重要因素。与服务人员和其他顾客的良好互
动有助于使顾客产生认同感、归属感、支持感和自我价值感。服务场所中的
人际互动为顾客带来的社会心理利益会使顾客形成对服务场所的依恋感，使
顾客形成对服务场所的忠诚意愿和忠诚行为。顾客的社会需求和心理需求是
丰富而复杂的，通过文献研究和定性访谈、模型中仅选择了四种最为重要的
社会心理利益加以研究。

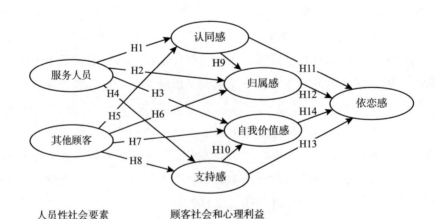

图 6.1 人员性社会要素与顾客社会心理利益关系的理论模型

6.3.2　研究假设

（1）服务人员与顾客社会心理利益的关系

研究表明，在服务接触的过程中，顾客不仅希望获得功能性利益，还希望获得社会性利益（如得到他人的尊重、与服务人员建立友谊等）。服务人员的身体外貌、举止体态、语言沟通及辅助语言将对顾客的情绪和认知产生显著的影响。也就是说，服务人员的语言和非语言因素将直接影响顾客社会心理需求的满足程度。汪涛（2006）指出，服务人员与顾客之间所建立的商业友谊对双方的关系品质（由顾客的满意度、信任感和归属感来度量）具有显著的影响，而关系品质的改善有助于提升顾客的忠诚度。通过上面的分析可以看出，在服务传递的过程中，服务人员与顾客之间的语言和非语言互动将会对顾客的社会和心理利益产生影响，因此，提出如下假设：

H1：服务场景中的服务人员将对顾客的认同感具有正向影响；

H2：服务场景中的服务人员将对顾客的归属感具有正向影响；

H3：服务场景中的服务人员将对顾客的支持感具有正向影响；

H4：服务场景中的服务人员将对顾客的自我价值感具有正向影响。

（2）其他顾客与顾客社会心理利益的关系

罗森鲍姆（2007）通过研究发现服务消费在满足顾客基本消费需求的同时，也在满足他们对友谊和情感的需求。对于某些消费者来说，服务场所既是"实用的场所"（满足功能性的消费需求）、"聚会的场所"（满足友谊的需求），也是"家庭般的场所"（满足情感支持的需求）。部分消费者通过服务场所来获得心理或社会支持。随着顾客从商业友谊中获得的友爱和情感支持的增加，他们的忠诚度也在提高。洛夫洛克（Lovelock，1996）指出，如果服务企业能够按照顾客的外貌和行为特征合理地进行顾客组合管理，将有助于服务场所中的顾客形成心理上的认同感和归属感。通过上面的分析可以看出，除了服务人员因素外，其他顾客的语言和非语言因素也会对顾客的社会和心理利益产生影响，因此，提出如下假设：

H5：服务场景中的其他顾客对顾客的认同感具有正向影响；

H6：服务场景中的其他顾客对顾客的归属感具有正向影响；

H7：服务场景中的其他顾客对顾客的支持感具有正向影响；

H8：服务场景中的其他顾客对顾客的自我价值感具有正向影响。

（3）顾客社会心理利益与场所依恋

迈克尔·埃琼斯（Michael Ajones，2000）指出，顾客可能会因为自己与服务人员之间的亲密关系（包括商业友谊）而愿意与服务企业保持长期关系。某些顾客往往会对家庭和工作单位之外的"第三空间"产生一定的依恋感和忠诚感，因为这些"第三空间"对他们具有重要意义。例如，老年人往往通过"第三空间"来寻求物质或精神上的支持与帮助。因此，提出如下的假设：

H9：顾客的认同感对顾客的归属感具有正向影响；

H10：顾客的支持感对顾客的自我价值感具有正向影响；

H11：顾客的认同感对顾客的场所依恋感具有正向影响；

H12：顾客的归属感对顾客的场所依恋感具有正向影响；

H13：顾客的支持感对顾客的场所依恋感具有正向影响；

H14：顾客的自我价值感对顾客的场所依恋感具有正向影响。

6.4　研究设计与数据收集

6.4.1　研究设计

从上面的理论模型可以看出，本章研究的因变量是顾客的场所依恋感，是一种长期形成的感受，所以需要选择顾客在近期光顾频率最高、印象最深刻的服务场所作为具体的研究情景。为了加深对模型中各个构念内涵的理解和认识，采用观察和访谈等定性方法进行前期研究。随机选取了10名刚刚体验过某项服务的顾客进行深度访谈。访谈围绕他们在服务接触过程中与服务人员的互动过程、观察到的员工沟通行为、服务过程中的情感和心理体验以及对其他顾客的感受等一系列问题展开。现场观察主要在服务大厅内进行，对员工在提供服务时所使用的各种语言和非语言沟通手段进行观察和记录。

结合深度访谈和现场观察的结果，研究人员对服务接触中的员工沟通以及其他顾客之间的互动行为的特点和类型进行了归类，并以此为基础设计了调研问卷。问卷结构如下：第一部分主要用于收集被访者的个人信息；第二部分由测量各个研究变量的量表题项组成，主要变量包括服务场所中服务人员的语言和非语言沟通行为、服务场所中其他顾客的语言和非语言沟通行为、顾客的认同感、顾客的归属感、顾客的自我价值感、顾客的支持感以及顾客的场所依恋感。

6.4.2　问卷设计

通过对以往相关文献的总结，结合现场观察和定性访谈，确定了本章研究的测量量表，各题项均采用Likert7点制量表进行度量。

（1）顾客对服务人员的感知量表

借鉴温斯泰德（Winsted，1997）和金立印（2008）等人的研究成果，从语言沟通和非语言沟通两个方面来刻画顾客对服务人员的感知。由于非语言沟通的内涵较为丰富，又将其细分为身体外貌和举止体态两个具体的维度。最终量表共包括了12个题项，从身体外貌、举止体态和语言沟通三个角度对顾客与服务人员的交互感知进行测量，如表6.2所示。

表6.2　　　　　　　　　　顾客对服务人员感知的测量量表

维度	编号	题项
举止体态	V1	服务人员的仪表端庄得体
	V2	服务人员的态度亲切友善
	V3	服务人员的举止和行为恭敬有礼
语言沟通	V4	服务人员能够使用规范化的服务用语
	V5	在和服务人员交流时，他们的语言表达清楚准确
	V6	在和服务人员交流时，他们的语言中表现出对顾客的尊敬

维度	编号	题项
服务技能	V7	服务人员能够熟练准确地提供相应的服务
	V8	服务人员能够在顾客需要时提供关心和帮助
	V9	服务人员能够及时提供服务

（2）"中心顾客"对其他顾客的感知量表

汤姆斯和麦克考尔－肯尼迪（2004）认为，服务场所中其他顾客所具有的影响具体表现为三种形式，即其他顾客的外部特征（外貌、着装等）、行为特征（行为、举止、语言等）以及背景特征（身份、地位等），这些会影响到顾客的反应以及购买意愿。洛夫洛克（1996）指出，服务企业可以根据顾客的外貌、行为习惯、年龄等进行顾客组合管理。

借鉴前文对服务人员的测量方法，同样将顾客对其他顾客的感知划分为三个维度，具体包括外部特征、行为举止和相似程度，具体如表6.3所示。

表6.3   **顾客对其他顾客感知的测量量表**

维度	编号	题项
外部特征	V10	其他顾客的仪表整洁得体
	V11	其他顾客的表情亲切友善
	V12	其他顾客的着装与服务场所相适应
行为举止	V13	其他顾客的行为符合服务场所的规定和要求
	V14	其他顾客表现出友好的行为
	V15	其他顾客的行为得体
相似程度	V16	其他顾客与我有很多的共同点
	V17	其他顾客与我有相似的特征
	V18	总体来说，我与其他顾客是类似的人

（3）认同感量表

认同理论指出自我认同由两个方面来体现，即对自身的认同和对所在群体的认同。在鲁塔内恩和克罗克（Luthtanen & Crocker, 1992）设计的认同感量表中共包含了四个维度，即自我身份、他人对群体的评价、自我对群体的评价和认同的重要程度。本书借鉴了该量表，并对其进行了情景化处理，选择了其中的 4 个题项来测度顾客对服务场所的认同感，如表 6.4 所示。

表6.4　　　　　　　　　　　　认同感测量量表

编号	题项
V19	总体来说，我很高兴成为经常光顾该场所的人
V20	我觉得我的参与会对该服务场所的发展有帮助
V21	我觉得在这个服务场所中消费很符合我的身份
V22	总体来说，该服务场所对于塑造我的自身形象很重要

（4）归属感量表

根据消费者行为理论，顾客归属感可以划分为持续性归属感、情感性归属感和道义性归属感。其中，持续性归属感是指顾客因转换成本过高或没有其他选择而不得不与商家继续保持关系；道义性归属感是因为顾客由于感到对企业负有某种责任而形成的归属感受。上述两种归属感均带有被动的成分。本书更加注重顾客在服务场所的良好情感体验促使其产生的归属感，即情感性归属感，最终选择的测量题项如表 6.5 所示。

表6.5　　　　　　　　　　　　顾客归属感测量量表

编号	题项
V23	该服务场所给了我家一般的感觉
V24	我觉得自己是该服务场所的一员
V25	当离开该服务场所时我会感到有些不舍
V26	当听到有人称赞该服务场所时，我也会感到高兴

（5）支持感量表

肖水源（1999）将支持感划分为三种类型：客观支持（实际可见的支持）、主观支持（主观体验到的支持）和支持利用度（个体对支持感的利用情况）。程虹娟（2004）等人认为，社会支持应包括情感支持、物质支持、信息支持和陪伴支持。陶沙（2003）等人从支持感来源的角度出发将支持感分为两类，即纵向支持（如父母、老师等）和横向支持（如同学、朋友等）。通过对上述研究的综合，选择了以下 4 个题项来测量顾客的支持感，如表 6.6 所示。

表 6.6　　　　　　　　　　　　支持感测量量表

编号	题项
V27	我觉得在我遇到问题时服务人员或其他顾客一定会给予我帮助
V28	我觉得能够与服务人员或其他顾客共享快乐与烦恼
V29	我觉得我可以在情感上得到服务人员或其他顾客的慰藉
V30	我觉得我可以与服务人员或其他顾客成为朋友

（6）自我价值感量表

罗森博格（Rosenberg，1965）编制的自尊量表是国内外最受认可的自尊自评量表，该量表共包含 10 个题项，大量的研究表明该量表具有较高的信度和效度。结合本书的实际情况，选择了其中最为典型的三个题项对顾客的自我价值感进行测量，具体如表 6.7 所示。

表 6.7　　　　　　　　　　顾客自我价值感测量量表

题项	题项
V31	在该场所中，我觉得自己是被重视的
V32	在该场所中，我觉得自己获得了更多的尊重
V33	通过该服务场所的消费体验，我对自己更加肯定

（7）场所依恋感量表

对场所依恋感的测量借鉴了格罗斯和布朗（Gross & Brown，2006）所设计的旅游地依赖量表，该量表中包含了场所依靠和场所认同两部分内容。根据本研究的实际情况，确定了测量顾客场所依恋感的 4 个题项，具体如表 6.8 所示。

表 6.8	场所依恋感测量量表
题项	题项
V34	该服务场所是我最愿意光顾的场所
V35	我愿意一直享受该服务场所的消费体验
V36	如果要消费同样的服务，该场所是我的第一选择

6.4.3　数据收集

笔者委托专业的网络调查机构——问卷星网站来进行数据收集，调查时间为 2011 年 5 月 3 日至 5 月 10 日，共回收问卷 237 份，最终确定有效问卷为 212 份，无效问卷为 25 份，有效率为 89.45%。

6.5　数据分析与假设检验

6.5.1　样本的描述性统计分析

将收集到的问卷进行合并和整理，并对被试样本的个人特征进行描述性统计分析，结果如表 6.9 所示。

表 6.9	样本描述性统计分析		
统计变量	项目	样本数量	百分比（%）
性别	男	102	48.1
	女	110	51.9
年龄（岁）	18 及以下	2	0.9
	18 ~ 30	167	78.8
	30 ~ 45	39	18.4
	45 ~ 60	4	1.9
	60 以上	0	0.0

统计变量	项目	样本数量	百分比（%）
教育程度	初中及以下	0	0.0
	高中	11	5.2
	大专	49	23.1
	大学本科	141	66.5
	研究生及以上	11	5.2
月均收入（元）	1500 以下	78	36.8
	1500～3000	53	25
	3001～4500	49	23.1
	4500 以上	32	15.1
职业	公司职员	93	43.9
	学生	78	36.8
	公务员	7	3.3
	教师/事业单位	17	8
	工人	5	2.4
	自由职业者	8	3.8
	退休	0	0.0
	其他	4	1.9

由表 6.9 可以看出，本次调查获得的 212 个样本中，男性占 48.1%，女性占 51.9%。年龄构成上以中青年为主，18～30 岁、30～45 岁两个年龄段分别占样本的 78.8% 和 18.4%，其中 18～30 岁年龄段有较多的大学生样本。收入构成上以 1500 元以下的低收入者为主，月收入 3000 元以下者占样本的 61.8%。受教育程度以大学本科为主，占到了 66.5%。

6.5.2 测量模型的检验

（1）信度分析

采用 Cronbach's α 系数来检验量表的内部一致性，对问卷中每个潜变量的信度分别进行检验，结果如表 6.10 所示。由分析结果可以看出，所有测量量表的 α 系数均在 0.7 以上，且量表的总体 α 系数达到了 0.944，表明各量表均具有较高的可靠性。同时，量表组合信度的取值在 0.819～0.932，也达到了相应的要求。因此，采用设计的量表可以对潜变量进行可靠的测量。

表 6.10　　　　　　　　　　　　**潜变量的信度检验**

潜变量	可测变量个数	Cronbach's α 系数	组合信度 C. R.
服务人员	9	0.923	0.932
其他顾客	9	0.896	0.914
认同感	4	0.733	0.819
归属感	4	0.877	0.884
支持感	4	0.835	0.865
自我价值感	3	0.851	0.859
场所依恋感	3	0.883	0.871
总计	36	0.944	—

（2）效度分析

采用验证性因子分析（CFA）对测量模型的效度进行检验。本章研究中共涉及 7 个潜变量，即服务人员、其他顾客、顾客支持感、顾客认同感、顾客自我价值感、顾客归属感以及顾客对服务场所的依恋感。7 个潜变量共计由 36 个题项进行测量，分别用 V1，V2，V3，…，V36 表示；对应的误差项用 e1，e2，e3，…，e36 表示。

利用 AMOS17.0 对测量模型进行检验，各题项的标准化因子载荷以及各个分量表的 AVE 值（平均方差提取量）如表 6.11 所示。

表 6.11　　　　　　　　　　　　**测量模型的验证性因子分析**

潜变量	可测变量	标准化的因子载荷	AVE 值
服务人员	服务人员的仪表端庄得体（V1）	0.734	0.638
	服务人员的态度亲切友善（V2）	0.779	
	服务人员的举止和行为恭敬有礼（V3）	0.792	
	服务人员能够使用规范化的服务用语（V4）	0.779	
	在和服务人员交流时，他们的语言表达清楚准确（V5）	0.806	
	在和服务人员交流时，他们的语言中表现出对顾客的尊敬（V6）	0.831	
	服务人员能够熟练准确地提供相应的服务（V7）	0.740	
	服务人员能够在顾客需要时提供关心和帮助（V8）	0.748	
	服务人员能够及时提供服务（V9）	0.749	

续表

潜变量	可测变量	标准化的因子载荷	AVE 值
其他顾客	其他顾客的仪表整洁得体（V10）	0.714	0.551
	其他顾客的表情亲切友善（V11）	0.730	
	其他顾客的着装与服务场所相适应（V12）	0.720	
	其他顾客的行为符合服务场所的规定和要求（V13）	0.742	
	其他顾客表现出友好的行为（V14）	0.786	
	其他顾客的行为得体（V15）	0.701	
	其他顾客与我有很多的共同点（V16）	0.745	
	其他顾客与我有相似的特征（V17）	0.772	
	总体来说，我与其他顾客是类似的人（V18）	0.703	
认同感	总体来说，我很高兴成为经常光顾该场所的人（V19）	0.761	0.550
	我觉得我的参与会对该服务场所的发展有帮助（V20）	0.706	
	我觉得在这个服务场所中消费很符合我的身份（V21）	0.725	
	总体来说，该服务场所对于塑造我的自身形象很重要（V22）	0.711	
归属感	该服务场所给了我家一般的感觉（V23）	0.876	0.664
	我觉得自己是该服务场所的一员（V24）	0.850	
	当离开该服务场所时我会感到有些不舍（V25）	0.763	
	当听到有人称赞该服务场所时，我也会感觉到高兴（V26）	0.747	
支持感	在我遇到问题时服务人员或其他顾客会给予我帮助（V27）	0.742	0.625
	我感觉能够与服务人员或其他顾客共享快乐与烦恼（V28）	0.812	
	我感觉我可以在情感上得到服务人员或其他顾客的慰藉（V29）	0.793	
	我感觉我可以与服务人员或其他顾客成为朋友（V30）	0.792	
自我价值感	在该场所中，我觉得自己是被重视的（V31）	0.794	0.724
	在该场所中，我觉得自己获得了更多的尊重（V32）	0.876	
	通过该消费体验，我对自己更加肯定（V33）	0.850	
场所依恋感	该服务场所是我最愿意光顾的场所（V34）	0.840	0.745
	我愿意一直享受该服务场所的消费体验（V35）	0.803	
	如果要消费同样的服务，该场所是我的第一选择（V36）	0.863	

由表 6.11 可知，所有题项的标准化因子载荷均大于 0.7，且都在 0.01 的水平上显著，满足收敛效度的要求。此外，所有潜变量的平均方差提取量（AVE）均大于 0.5，说明测量题项可以解释潜变量的大部分方差，量表的

收敛效度得到检验。

　　进一步对量表的区别效度进行检验。区别效度是指不同的潜变量是否存在显著差异，或不同潜变量的测量指标的不相关程度。常用的区别效度分析方法有四种：一是通过分析测量指标的相关矩阵来判断区别效度。如果同一潜变量的不同测量指标之间的相关系数大于该潜变量测量指标与其他潜变量测量指标之间的相关系数，说明该潜变量的测量指标具有较高的区别效度。二是如果任何两个潜变量之间的相关系数加减两倍标准误差的置信区间后不超过1，也说明潜变量的测量指标具有较高的区别效度。三是如果各个潜变量的平均方差提取量大于该潜变量与其他潜变量的共同方差，也说明测量指标具有较高的区别效度。即检查每个维度的 AVE 值是否大于该概念（维度）与其他概念（维度）之间的方差。四是通过做两次验证性因子分析，根据自由度和 χ^2 值来判断区别效度。具体做法是：先将各组的潜变量间的相关系数设为固定值1，然后进行验证性因子分析，得到第一次的自由度和 χ^2 值；接着将潜变量之间的相关系数设为自由估计，做第二次验证性因子分析，得到新的自由度和 χ^2 值。比较两次的自由度和 χ^2 值，如果两次分析的 χ^2 值具有显著差异，则说明各潜变量测量指标的区别效度较高。

　　本书的研究采用第三种方法来检验各个分量表的区别效度。通过表6.12可以看出，每个潜变量 AVE 值的平方根都要大于潜变量间的相关系数，区别效度通过检验。

表6.12　　　　　　　　　　　　判别效度分析结果

潜变量	A	B	C	D	E	F	G
服务人员 A	**0.799**						
其他顾客 B	0.392	**0.743**					
认同感 C	0.576	0.439	**0.742**				
归属感 D	0.471	0.468	0.625	**0.815**			
支持感 E	0.331	0.483	0.371	0.599	**0.791**		
自我价值感 F	0.624	0.440	0.648	0.682	0.591	**0.851**	
场所依恋感 G	0.587	0.418	0.679	0.671	0.581	0.714	**0.863**

综合上述分析结果可以看出，所设计的测量量表具有较好的信度和效度。

6.5.3 结构模型的检验

采用结构方程模型（SEM）对人员性社会要素、顾客社会心理利益以及顾客场所依恋感之间的关系进行检验，分析结果如表 6.13 所示。

表 6.13　　　　　　　　　　　结构模型的检验结果

假设路径	标准化路径系数	C. R. 值	P	结论
H1：服务人员→认同感	0.504	5.873	***	支持
H2：服务人员→归属感	0.136	1.599	0.110	不支持
H3：服务人员→支持感	0.176	2.254	*	支持
H4：服务人员→自我价值感	0.483	6.530	***	支持
H5：其他顾客→认同感	0.245	3.156	**	支持
H6：其他顾客→归属感	0.237	3.122	**	支持
H7：其他顾客→支持感	0.427	4.970	***	支持
H8：其他顾客→自我价值感	0.070	0.98	0.327	不支持
H9：认同感→归属感	0.438	4.339	***	支持
H10：支持感→自我价值感	0.390	2.116	***	支持
H11：认同感→场所依恋感	0.188	2.474	*	支持
H12：归属感→场所依恋感	0.173	2.148	*	支持
H13：支持感→场所依恋感	0.320	3.894	***	支持
H14：自我价值感→场所依恋感	0.343	3.845	***	支持

注：＊表示 $p < 0.05$，＊＊表示 $p < 0.01$，＊＊＊表示 $p < 0.001$

从表 6.13 可以看出，除了 H2 和 H8 没有得到支持外，其他各项假设均在 0.05 的水平上显著。继续对数据与模型的拟合情况进行检验。拟合指标是考察理论模型与调查数据拟合程度的统计指标，不同的拟合指标可以从模型复杂性、样本大小、相对性与绝对性等不同的角度对模型与数据的拟合程度进行度量。AMOS 提供了多种模型拟合指标，具体如表 6.14 所示。

表 6.14　　　　　　　　　　　　常用的拟合指标

指标类型	符号	评价标准
绝对拟合指标	χ^2	越小越好
	GFI	大于 0.9
	RMR	小于 0.05，越小越好
	SRMR	小于 0.05，越小越好
	RMSEA	小于 0.05，越小越好
相对拟合指标	NFI	大于 0.9，越接近 1 越好
	TLI	大于 0.9，越接近 1 越好
	CFI	大于 0.9，越接近 1 越好
信息指标	AIC	越小越好
	CAIC	越小越好

本章的模型的整体拟合指标如下：GFI = 0.913，AGFI = 0.879，CFI = 0.959，NFI = 0.937，RMSEA = 0.043，除了 AGFI 外，其他主要拟合指标均表明模型具有良好的拟合度。总体来说，本章所提出的理论模型得到了数据的支持。

（1）服务人员与顾客社会心理利益之间关系的检验

采用结构方程模型（SEM）对服务场景中的服务人员与顾客社会心理利益（顾客认同感、顾客归属感、顾客支持感、顾客自我价值感）之间关系进行了检验。由分析结果可以看出，服务场景中的服务人员对顾客的认同感、支持感和自我价值感的主效应均显著，H1、H3 和 H4 得到数据的支持，表明服务人员对于满足顾客的社会心理利益具有重要的作用。但在本研究中服务人员对顾客归属感的主效应没有得到数据的支持，即假设 H2 不成立。

（2）其他顾客与顾客社会心理利益之间关系的检验

同理，采用结构方程模型（SEM）对服务场所中的其他顾客与顾客社会心理利益之间的关系进行了检验。由分析结果可以看出，服务场景中的其他顾客对顾客的认同感、归属感和支持感的主效应均显著，H5、H6 和 H7 得到数据的支持。但其他顾客对顾客自我价值感的主效应没有得到数据的支持，即 H8 假设不成立。

（3）顾客社会心理利益与顾客场所依恋感的相关及回归分析

采用结构方程模型（SEM）检验顾客的社会心理利益（顾客的认同感、

归属感、支持感和自我价值感）与顾客场所依恋感之间的关系。由分析的结果可以看出，顾客的认同感、归属感、支持感和自我价值感与场所依恋感之间的主效应均显著，H11、H12、H13 和 H14 均得到数据的支持。说明如果顾客能够通过光顾服务场所来获得这些社会心理利益，则有助于其形成对场所的依恋感，进而对服务企业表现出心理及行为上的忠诚。

6.6　本章研究的启示

根据上述的理论分析和实证检验，可以得出以下启示：

◎ 已有的关于服务场景的研究主要探讨服务场所中物理性的环境变量，如音乐、气味、颜色、温度、标识、装饰、设施、设计、布局等对顾客产生的影响。这类研究强调的是环境刺激的自然属性或物理特征，多以认知心理学和环境心理学的有关理论为依据。本章的研究成果为服务场所的管理者提供了一个新的视角，提出通过在服务场景中植入与目标顾客的生活方式和价值观相吻合的人员性社会要素，来引发顾客的场所认同和场所依恋，进而获得良好的购物体验。由此可知，服务场所的管理者不仅应重视消费者的生理和心理需求、还要重视顾客的情感和社会需求，服务场所设计的重点应从关注工程化的设计转为关注情感化、社会化的设计，从而使服务场所成为顾客与服务商之间的情感和关系纽带，使企业建立更为独特和持久的竞争优势。

◎ 以往对服务场景的研究更多关注的是如何满足顾客的功能利益，财务利益和体验利益，较多采用情绪，感知服务质量和感知服务价值作为服务场景与顾客行为意向的中介变量，但对顾客的社会和心理需求关注的不够。社会心理学和环境心理学的相关研究已经表明，顾客光顾某种场所不仅是为了满足自己的功能性需求，也是为了满足自己的社会和心理需求，如自尊、自我认同、归属感、社会交往、认同感、支持感等。服务场所的管理者通过加强对服务人员和其他顾客的管理，可以提升顾客对服务企业的认同感、归属感、支持感和自我价值感，进而产生场所认同和场所依恋，并对服务企业形成忠诚心理和忠诚行为。

第 *7* 章

服务企业的顾客教育与
顾客参与行为

7.1　顾客教育的重要性

服务的生产和消费往往是同时进行的，在服务传递的过程中，通常需要顾客的主动配合和积极参与。因此，顾客被视为服务生产中必不可少的要素之一，是服务企业的"兼职员工"和服务价值的"共同创造者"（Zeithaml，2008）。近年来，顾客参与成为服务营销中的热点问题，产生了相当丰富的研究成果。但值得注意的是，尽管人们在顾客参与的概念内涵、维度构成、作用效果等方面进行了充分的研究，但对如何促进和改善顾客参与行为还缺乏足够认识，有必要进行更为深入的探讨。

与购买有形产品不同，顾客为获得期望的服务结果通常必须亲自参与服务的生产过程，这就要求他们具备更多的相关知识和技能。随着社会和经济的飞速发展，新的服务产品不断涌现（如新的金融服务、医疗服务、教育服务和各种自助服务等），其复杂性和新颖性也在不断增加，顾客在获得更多服务利益的同时，也必须面对更高的认知障碍和学习成本，需要投入更多的体力、智力和情感资源（魏晓燕，2011）。这就要求服务营销人员寻找新的顾客沟通方法，加强对顾客的引导和帮助，使他们能够与服务人员密切配合，共同完成服务传递，并获得良好的服务体验。

顾客教育作为一种系统化的传播手段，成为传统促销方法的有力补充。随着"技术消费"时代的到来，产品和服务中的知识、技术含量日益提升，顾客教育也越发受到学界和业界的关注。近年来，众多服务企业开始将顾客教育作为提升服务绩效的重要手段。例如，中国联通为了推广以高速数据服务为主要特征的 3G 业务，从 2010 年开始在全国范围内实施"联通 3G 手机讲堂"计划，在各地营业厅由专业讲师面向广大用户开展 3G 业务讲座，获得了很好的宣传和推广效果。此外，一些金融机构也在积极运用顾客教育手段进行金融产品推广。例如，一些银行定期面向客户举办关于网络银行的讲座，有效地推动了这种金融服务的应用和普及。

尽管很多服务机构都在有意识的通过服务场所中的各类媒介进行服务理念、服务产品、服务规范和服务知识的传播，希望通过这些"教育"手段来指导和影响顾客参与行为。但是，人们对顾客教育影响顾客参与行为的机制还缺乏系统的研究。本章通过对相关文献的归纳和总结，建立了反映顾客教育与顾客参与行为之间关系的理论模型。以需要顾客高度参与的典型服务业态——美容业为研究背景，对所建立的理论模型进行了实证检验。分析结果证实了顾客教育对于改善顾客参与行为、提升感知服务质量和顾客满意度所具有的积极作用。在管理实践中，服务企业有必要对各类顾客参与行为所需的知识和技能进行分析，并据此设计顾客教育内容，进而优化和改善顾客参与行为。

7.2 文献综述、理论模型和研究假设

服务的生产和传递离不开顾客的主动配合和积极参与。因此，顾客被视为服务企业的"兼职员工"，是企业人力资源的组成部分。泽丝曼尔（2008）等人指出，服务企业不仅要重视和加强对员工的管理及培训，还需要对顾客进行适当的教育和引导，使其了解企业的理念、产品、流程和规范，明确自己应该承担的角色及需要具备的能力，掌握与服务人员和其他顾客的互动技巧，更好地参与到服务的"合作生产"中。服务企业的顾客教育

通常从知识和技能两个方面展开。例如，航空公司在乘客登机后，一方面会介绍旅行常识和注意事项（知识教育）；另一方面，也会讲授如何系好安全带，以及在遇到紧急情况时如何自救和逃生等技巧（技能教育）。

已经有学者对顾客教育与顾客参与的关系进行了探索性的研究（Wu，2011；Yin & Yang，2009；Zhao，Mattila，Tao，2008），但在这些研究中，顾客教育和顾客参与均被视为单维度概念，其丰富内涵未能得到充分揭示，对顾客教育、顾客参与、感知服务质量之间的作用路径和作用机制还缺乏深入分析。本章基于现有研究，对顾客教育、顾客参与的概念内涵和维度构成进行剖析，将顾客教育划分成知识教育和技能教育 2 个维度，将顾客参与划分为事前准备、信息共享、责任行为和情感交互等 4 个维度，并建立了反映顾客教育、顾客参与、感知服务质量和顾客满意度之间关系的理论模型，如图 7.1 所示。该模型从维度层面对顾客教育影响顾客参与的作用机理进行了更为细致的刻画，可以为管理顾客参与行为提供新的理论和实践启示。

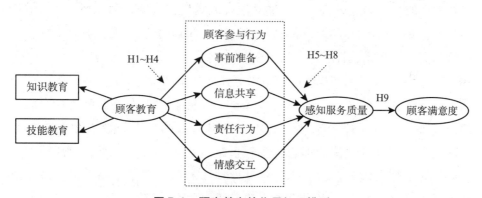

图 7.1　顾客教育的作用机理模型

下面，结合现有的研究成果，对模型中涉及的重要概念及概念之间的关系进行分析，为上述模型提供充分的理论依据。

7.2.1　顾客教育的概念内涵及维度构成

顾客教育的提出已经有 30 多年的历史。劳克坎恩（Laukkanen，2009）

等人指出，对于复杂的、需要顾客高度参与的服务而言，顾客教育比普通的营销沟通策略（如广告、销售促进等）更为有效。迈克尼尔（Mcneal，1987）最早对顾客教育的内涵和作用进行了阐释，并指出企业为了更好地推广其产品和服务，应该承担起教育顾客的责任，并会因此获得更大的收益。赫尼格-苏劳（Hennig-thurau，2005）等人指出，产品和服务的价值最终需要通过消费来兑现，顾客能够从产品和服务中获取多少价值与其所具有的相关知识和技能密切相关，企业可以通过实施教育和培训项目来丰富顾客的知识与技能，提升顾客的"专业性"。

准确界定"顾客教育"的内涵是开展相关研究的基础，其中米尔（Meer，1984）给出的定义最具代表性。他指出，顾客教育是由企业发起，针对某种产品或服务开展的具有目的性、持续性和组织性的教学活动，旨在向顾客或潜在顾客传授产品知识和使用技能，并引导其形成正面的产品态度。诺埃尔（Noel，1990）等人指出，与销售人员现场介绍或顾客自行阅读用户手册等常规的顾客沟通方法不同，顾客教育应具有正式的教学计划，严密的教学组织，并采用各种手段引导顾客积极参与，即顾客教育应具有计划性、组织性、交互性和系统性。

奥博特（Aubert，2005）指出，要避免将顾客教育与另一个相近的概念——消费者教育（consumer education）相混淆。消费者教育通常由政府部门（如工商行政管理部门）或公共组织（如消费者协会）发起，旨在帮助消费者正确树立消费理念，充分掌握消费知识，并如愿获得期望的消费结果。消费者教育通常并不针对某种具体的商品或某个品牌，而是针对某类产品或某个行业，更多出于公益目的而非商业目的。

顾客教育的作用可以从企业和顾客两个视角来分别衡量（Eng & Quaia，2009；Mittal & Sawhney，2001）。对于企业而言，通过举办顾客教育项目能够使自己的产品或服务被更多潜在顾客所知晓，增强顾客对企业的信任感，提升顾客的满意度和忠诚度。顾客教育还可以显著减少消费者对产品的误用及抱怨，有助于降低技术支持和售后服务的成本。对于顾客来说，通过参加顾客教育活动可以学习更多的产品和服务知识，合理的做出购买决策；也能够掌握更多的使用技能，正确地使用产品或体验服务，充分挖掘产品或服务中蕴含的利益和价值，更好地满足自己的消费需求。

通过对以往文献的分析和总结，将顾客教育划分成知识教育和技能教育2个维度。知识是一个复杂的多维度概念，是指认知主体对外在事物正确认知后所形成的信念。营销研究中涉及的往往是特定领域的知识子集，如消费知识、产品知识等。布莱克维尔（Blackwell，2001）等人将消费知识定义为"存储在人们的头脑中关于产品购买和消费的信息"，并从内容上将消费知识划分为3种类型，即产品知识、购买知识和使用知识，其中产品知识又包括以下三方面的内容，即知晓产品或品牌的存在、了解产品的功能和特性、明确产品能够带来的利益和价值。

技能是将知识自动运用到智力或体力活动中的能力。技能也是一个内涵复杂的多维度概念，技能可以被划分为认知技能、反应技能、社会技能和技术技能。其中，技术技能指的是对某项活动，尤其是对涉及方法、流程或技巧的特定活动的理解程度和熟练程度。顾客教育研究中的技能，主要是指消费者正确使用产品或参与服务的技术和能力，属于技术技能的范畴。研究表明，顾客技能的提升对于其采纳新产品和参与产品创新具有积极影响（Liu，2012）。

大多数顾客参与行为都要求顾客具备一定的参与技能。例如，在美容服务中，顾客不仅需要在美容机构接受专业服务，还应该掌握一些美容技巧以便在平时自行完成一些美容护理，以获得最佳的美容效果。顾客在参加一些教育或培训项目时，也需要掌握一些学习或复习技巧，以便更好地理解和掌握课堂上所学的知识。随着科技的飞速发展，面对面的服务正在逐渐被创新性的自助服务（SST）所取代，网络银行、自助加油等服务形式日益普及，这就要求顾客做好相应的技术准备，以便充分享受自助服务带来的巨大便利。

7.2.2 顾客参与的概念内涵及维度构成

顾客参与是服务营销中的重要课题，30多年来，国内外学者对这一问题进行了深入研究，产生了相当丰富的研究成果，为服务行业更好的理解和管理顾客参与行为提供了借鉴（翟家保，徐扬，2009）。

准确界定顾客参与的概念是开展相关研究的前提和基础，学者们从不同的角度对顾客参与进行了定义。泽丝曼尔（2008）等人指出，顾客参与是服务的购买者在服务生产和消费的同时，参与服务的规格设计和服务传递的行为，是一种"行为性的涉入"；瑟马克（Cermak，1994）等人认为，顾客参与是顾客与服务生产和传递过程有关的精神和物质方面的具体行为，是顾客努力和涉入的程度。该定义强调顾客参与包括物质和精神两个层面。格雷坎伯（Claycomb，2001）等人将顾客参与划分为三种不同的水平，即低度参与（如快餐、航空等）、中度参与（理发、体检等）和高度参与（个人培训、美容保健等）。

研究者对于顾客参与的维度构成尚未达成共识，一般认为，顾客参与包括顾客在体力、智力、精神和情感等方面的投入。凯洛格（Kellogg，1997）等人采用关键事件法（CIT）将顾客参与行为归纳为以下4种类型：一是事前准备行为，即在接受服务前提前做好信息、物质或心理上的准备；二是建立关系行为，即与服务机构或服务人员建立积极互动关系的行为，例如微笑、友善的互动等；三是信息交换行为，即积极搜寻或提供与服务有关的信息；四是干涉行为，是指顾客把负面的体验反馈给企业，并积极协助服务企业进行问题的诊断和解决。

恩纽和宾克斯（Ennew & Binks，1999）等人提出顾客参与包括3个维度：一是信息分享，即顾客将相关信息传递给服务人员或服务企业，以确保他们的个人需求得到满足。参与程度越高的服务通常越依赖于顾客提供的信息；二是责任行为，是指顾客在与服务提供者的交互过程中明确自己的角色并正确履行职责。由于顾客是服务的共同生产者，服务生产中的部分任务必须由顾客亲自完成。三是人际互动，是顾客与服务人员及其他顾客间的互动，包括信任、支持、合作、承诺、互助、学习、干扰等互动因素。在服务过程中，顾客的情绪、态度和行为对服务人员和其他顾客具有显著影响[20]。

在总结西方学者研究成果的基础上，我国学者也对顾客参与的测量问题进行了深入研究。彭艳君（2010）以美发业为背景，构建了一个适合中国消费者的顾客参与量表，该量表包括事前准备、信息交流、合作行为和人际

互动四个维度。研究结果表明，该量表具有较好的信度和效度，符合我国服
务消费的实际情况，因此，本章以该量表为基础对顾客参与行为进行描述和
度量。

7.2.3　顾客教育对顾客参与行为的影响

良好的服务体验取决于服务人员与顾客的共同努力，但在服务接触的初
期，顾客对服务流程、服务规范缺乏了解，往往不清楚自己在服务中应该承
担何种角色，因此企业应鼓励和引导消费者学习有关的知识和技能，为服务
生产做出更多贡献。斯凯因（Schein，1968）将这种行为定义为"组织社会
化"，是指个体了解、适应进而欣赏组织的价值观和规范，并展现出恰当行
为的过程。研究表明，组织社会化对顾客参与具有积极的影响（贾鹤，王永
贵，黄永春，2009；Eisingerich & Bell，2006）。组织社会化程度越高，顾客
越了解组织的服务理念，越明确自己在服务传递中应该承担的角色，越能主
动地学习相关的知识和技能并运用到服务生产中。

综合现有研究成果，顾客参与可以分解为事前准备、信息共享、责任行
为和情感交互四个维度，顾客教育对以上 4 类参与行为均能产生积极影响。

第一，很多服务都需要顾客提前做好信息、物质或心理上的准备工作，
缺乏事前准备会导致服务时间延长。通过顾客教育，能够使顾客熟悉服务规
范和服务流程，并提前做好相应准备，以保证服务的顺利进行。例如，航空
公司可以提前对旅客进行适当的航空知识教育，介绍关于物品携带、行李托
运、身份证件查验、相关表格填写的有关规定。了解这些信息将有助于旅客
提高通关效率，减少等待时间。

第二，顾客教育有助于促进顾客与服务人员之间的信息共享。服务是一
个互动的过程，顾客能否向服务人员清晰、准确地描述自己的服务需求，及
时、完整地提供服务所需的相关信息对服务的顺利交付至关重要。例如，如
果顾客在交谈时声音太小或使用方言，可能会使服务人员无法准确的理解其
需求。因此，服务企业有必要通过顾客教育来引导顾客准确描述他们的需求
和期望，并根据顾客的意愿来及时调整和改进服务，进而优化顾客的服务体

验（贾薇，张明立，王宝，2011）。

第三，顾客教育可以显著改善顾客的责任行为。责任行为是指顾客掌握一定的产品或服务知识，知道自己在消费过程中应该承担何种角色，明确自己的任务和职责，并能遵守相应的行为规范。同时，责任行为还要求顾客具备完成任务所必需的技能和自信，有效地参与服务生产。服务组织可以通过人员宣讲、宣传手册、服务标识等多种手段加强与顾客的沟通，使其了解在服务场所中应该遵守的行为规范。对顾客的正面行为给予鼓励和褒奖，对违反服务规则的不当行为（如喧哗、插队、拥挤、吸烟、打闹等）予以制止或提醒，引导顾客共同构建和谐融洽的服务氛围。

第四，顾客教育可以改善顾客与服务人员的交互行为。服务人员在与顾客互动的过程中既需要付出一定的体力和智力，也需要保持心态和投入情感。通过顾客教育，可以使顾客加深对服务工作和服务人员的理解、更加体谅服务人员的辛劳、对服务人员的请求予以配合、对其失误予以谅解。服务人员与顾客的情绪会相互影响，良好的人际互动有助于供需双方密切配合，顺利地完成服务的生产和交付。

本章将从顾客感知的角度对顾客教育的效果进行评价。此外，为简化分析过程，将顾客教育及其维度和测量指标视为二阶因子结构（如图7.1所示）。在上述前提下，提出如下假设：

H1：顾客教育对顾客的事前准备有正向的影响；

H2：顾客教育对顾客的信息共享有正向的影响；

H3：顾客教育对顾客的责任行为有正向的影响；

H4：顾客教育对顾客的情感交互有正向的影响。

7.2.4 顾客参与对感知服务质量和顾客满意度的影响

泽丝曼尔（2008）等人指出，顾客的配合和参与有助于服务准确而高效地完成，从而更好地满足顾客需求。例如，学生的积极参与对改善教学效果有显著的影响；在医疗保健行业，患者如果能够听从医生的建议，改变不良的饮食和生活习惯，并根据处方按时按量服药，则更有助于恢复健康；对于银行业而言，如果顾客知道他们在银行服务中应该做什么及如何去做，则他们对银行的满意度会显著提高。由此可见，顾客参与有助于提高顾客的感知服务质量和满意度。

顾客参与还会影响他们对服务失败的态度。具有较强参与意识的顾客在服务失败的初期就会及时反映问题，使企业尽早采取补救措施，将服务失败的后果和损失降到最低。有时，参与服务的顾客感到自己也应该对服务失败承担部分责任，从而减少对服务企业的抱怨。此外，有些参与行为对顾客具有内在的吸引力，会给顾客带来一些独特体验和参与乐趣。例如，通过互联网购买机票，通过电话处理银行业务等服务方式降低了顾客的参与成本，给顾客带来愉快体验和利益感知。

一些研究也证实了顾客参与对感知服务质量所具有的影响。例如，瑟马克（1994）等人验证了顾客参与对服务质量、顾客满意度和购后行为意向的影响。研究结果表明：顾客参与可以显著提高感知服务质量及顾客满意度。凯洛格（1997）等人采用关键事件法（CIT）归纳出 4 类顾客参与行为，并通过进一步的定性分析指出：事前准备行为、建立关系行为、信息交换行为与顾客满意度正相关，而干涉行为则对满意度有负面的影响。恩纽（1999）等人以英国的小型企业和银行业为背景，验证了顾客参与的 3 个维度，即信息分享、责任行为及人际互动对服务质量和满意度均有正向影响。其他学者（Hennig-thurau，2000；彭艳君，景奉杰，2008；Eisingerich & Bell，2008）的研究也得到了相似的结论。

综合 7.2.3 和 7.2.4 中的分析可知，顾客参与与感知服务质量之间存在着正向关系，且在顾客教育与感知服务质量之间起中介作用，即顾客教育有助于改善各类顾客参与行为，进而提升顾客对服务质量的感知。根据顾客参与的维度构成，提出如下假设。

H5：顾客的事前准备对感知服务质量有正向影响（**H5a**），且在顾客教育与感知服务质量之间起中介作用（**H5b**）；

H6：顾客的信息共享对感知服务质量有正向影响（**H6a**），且在顾客教育与感知服务质量之间起中介作用（**H6b**）；

H7：顾客的责任行为对感知服务质量有正向影响（**H7a**），且在顾客教育与感知服务质量之间起中介作用（**H7b**）；

H8：顾客的情感交互对感知服务质量有正向影响（**H8a**），且在顾客教育与感知服务质量之间起中介作用（**H8b**）。

菲利普·科特勒（2010）指出，顾客满意是指"个体对某种产品的感知效果与他的期望进行比较后，所形成的愉悦或失望的感觉状态"。研究表明，服务质量是顾客满意的重要影响因素。韦福祥（2003）以酒店业和报业为例，验证了感知服务质量与顾客满意度和行为意向显著正相关；范秀成（2006）等人以我国服务企业为背景，验证了服务质量的5个维度对服务满意和服务忠诚的不同影响，并结合我国的国情对研究结果进行了分析。盛天翔（2008）等人进一步研究了网络交易环境中服务质量的4个维度对顾客满意和顾客忠诚的影响，并对各维度的不同作用进行了分析。综上，给出如下假设：

H9：感知服务质量对顾客满意度有正向的影响（**H9a**），且在顾客参与的各维度与顾客满意度之间起中介作用（**H9b ~ H9e**）。

7.3 研究设计与数据分析

7.3.1 研究设计、概念测量及数据收集

随着我国经济的飞速发展，人民生活水平持续提高，消费观念不断更新，对健康与美丽的追求更加迫切。在这样的背景下，我国的美容美发行业呈现出快速发展趋势。据商务部公布的数据，截至2010年年底，全国美容美发企业单店达117万家，从业人员742万人，营业额达到3757亿元，在提升人民生活品质、扩大服务消费以及吸纳社会就业等方面发挥了重要作用。可见，美容美发是我国具有代表意义的典型服务业态，且需要顾客的高度参与，因此，适合作为本章的研究背景。

BY 美容机构是沈阳地区最具规模和影响力的连锁美容机构。从 2009 年开始，该机构定期邀请美容专家面向广大现有和潜在顾客开设美容课程。讲师在授课过程中主要介绍最新的美容知识、美容产品和美容技术等，同时适当地穿插对该美容院的服务理念、技术优势、会员权益、服务流程等内容的介绍。多年来，该课程丰富了广大爱美女性的美容知识，提高了她们的美容技能。同时，也帮助该美容院树立了良好的企业形象，提升了企业的经营业绩，实现了社会效益和经济效益的"双丰收"。由于该美容院曾与项目组有过良好合作，因此为开展本研究提供了诸多的便利条件。

通过对相关研究成果的回顾和总结，结合面向消费者进行的焦点小组访谈，初步设计了调查问卷。问卷的第一部分用来测量被试对于顾客教育课程的感受，包括知识教育和技能教育两个维度，指标设计借鉴了埃辛格里奇（Eisingerich & Bell，2006，2008）和银成钺（2010）等人的研究成果，并根据美容服务的特点对题项进行了情景化处理。第二部分对顾客参与行为、感知服务质量和顾客满意度等概念进行测量，基于凯洛格（1997）、恩纽（1999）和彭艳君（2008）等人的研究，将顾客参与划分为事前准备、信息共享、责任行为和情感交互 4 个维度，各维度均选用成熟量表。

因为采用现场调查的方式收集数据，需尽量控制问卷的长度，因此将感知服务质量和顾客满意度均当做单维概念。在选取感知服务质量的测量指标时，按照兼顾技术质量和功能质量的原则，各选择 2 个指标来分别测度顾客对服务过程和服务结果的感知。顾客满意度则参考了泽丝曼尔（2008）等人的研究成果，选取了 3 个指标进行测量。上述指标均采用 7 点制的 Likert 量表进行测量，从非常不同意（1）到非常同意（7）。问卷的最后一部分用来测量与被试有关的个人信息，如性别、年龄、教育程度、个人月收入等。

在进行正式调查前，为保证问卷具有良好的表面效度，选择 3 名相关领域的专家和 30 名消费者对问卷进行了试填，并综合他们的意见对题项进行筛选和完善，确保各题项表达准确、无歧义。最终的题项如表 7.1 所示。

调查在 2011 年 7~8 月进行，选取 260 名刚刚参加过该美容院举办的美容课程，并随后成为该院顾客的消费者作为被试，邀请其参与调查。采用赠送小礼品的方式来提高被试的参与热情，最终共计收集合格问卷 232 份，有效率为89.23%。在232位提交了有效问卷的被试中，女性为216人，占有效被试的93.1%，其中18～45岁的中青年女性为189人，占81.47%，说明这个年龄段的人群是美容消费的主体。

7.3.2 数据分析

采取两阶段法对调查数据进行分析。在第一阶段，采用结构方程模型（SEM）对测量模型进行检验，分析选用的测量指标能否较好地反映对应的潜变量。第二阶段，进一步对所提出的结构模型进行检验，探查顾客教育对顾客参与、感知服务质量和顾客满意度等变量的影响。

（1）测量模型的检验

按照两阶段方法，首先利用AMOS 17.0进行验证性因子分析（CFA），对测量模型进行检验。每个可观测变量（题项）与对应的潜变量相联系，且将潜变量设置成相互关联。

根据Cronbach's α系数对问卷的信度进行评估，结果如表7.1所示，8个潜变量的α值在0.866～0.948，均高于0.7的标准，表明量表具有较好的内部一致性，能够对潜变量进行可靠的测量。

表7.1 测量模型的验证性因子分析结果

构念	题项	标准化的因子载荷	Cronbach's α 系数	AVE 值
知识教育	美容院的讲师向我介绍美容的必要性	0.989	0.917	0.748
	美容院的讲师让我了解最新的美容知识	0.772		
	美容院的讲师向我介绍该院的服务理念	0.899		
	美容院的讲师向我介绍美容院的服务规范和服务流程	0.781		
技能教育	美容院的讲师向我传授各种美容技巧	1.000	0.888	0.738
	美容院的讲师教我如何使用美容产品和美容设备	0.739		
	美容院的讲师教我如何办理和参加各项美容业务	0.818		
事前准备	我在美容前会提前做好所需要的准备工作	1.000	0.902	0.767
	在参加美容前，我学习一些关于美容的知识	0.764		
	我事先了解美容院的服务项目和服务流程	0.847		

续表

构念	题项	标准化的因子载荷	Cronbach's α 系数	AVE 值
信息共享	我向美容师如实介绍我个人的身体情况	1.000	0.942	0.778
	我会准确向美容师描述我个人的美容要求	0.869		
	我会认真听取美容师的意见和建议	0.773		
	我就美容方案提出我的想法和意见	0.899		
	在美容的过程中，我会与美容师及时沟通	0.855		
责任行为	我清楚在参加美容的过程中，我应该做好哪些事	0.999	0.948	0.829
	我遵守美容院的对顾客的规定和要求	0.872		
	我积极配合美容师完成美容过程	0.930		
	在美容过程中，我尽力做好自己应该做的事	0.832		
情感交互	我会平等、友好的与美容师进行交流	0.994	0.929	0.785
	我会对美容师的优质服务报以感谢和称赞	0.784		
	我认真对待美容师的意见和建议	0.850		
	我尊重美容师的劳动	0.903		
感知服务质量	美容院在提供服务的过程中考虑的非常周到	0.998	0.866	0.633
	美容院能认真完成对顾客的承诺	0.700		
	美容院提供的服务符合我的期望	0.711		
	美容院能够及时提供服务，满足顾客的需求	0.735		
顾客满意度	美容院提供的服务令我感到满意	0.986	0.903	0.767
	在该美容院的服务体验是令人愉快的	0.817		
	选择该美容院是一个正确的决定	0.814		

　　然后对量表的收敛效度进行检验。分析结果表明：所有题项在所对应的潜变量上都有较高的标准化因子载荷（取值在 0.700~1.000），且均在 0.01 的水平上显著。此外，各个潜变量的平均方差提取量（AVE 值）取值在 0.633~0.829，均超过了 0.5 这一评价标准，表明相关指标可以解释潜变量的大部分变差，量表的收敛效度符合要求。

　　进一步对量表的区别效度进行检验。由表 7.2 可知，每个潜变量 AVE 值的平方根（对角线上的数值）均大于潜变量之间的相关系数，区别效度通过检验。

　　综合上述结果可以看出，所设计的量表具有较好的信度和效度。

表7.2   区别效度的分析结果

潜变量	均值	标准差	A	B	C	D	E	F	G	H
知识教育 A	3.967	0.672	0.865							
技能教育 B	3.721	0.748	0.594	0.859						
事前准备 C	3.580	0.664	0.343	0.162	0.876					
信息共享 D	3.738	0.596	0.366	0.198	0.068	0.882				
责任行为 E	3.628	0.773	0.411	0.231	0.118	0.173	0.910			
情感交互 F	3.460	0.585	0.114	0.039	0.088	0.074	0.049	0.886		
感知质量 G	3.560	0.635	0.413	0.157	0.237	0.441	0.406	0.467	0.799	
顾客满意 H	3.570	0.814	0.290	0.117	0.190	0.297	0.174	0.302	0.564	0.876

最后，利用 χ^2 检验和常用的拟合指标对测量模型的总体拟合程度进行评估。本书中，测量模型的 χ^2 值在 $p = 0.05$ 的水平上显著，表明数据与测量模型的拟合似乎并不理想。然而，由于在样本量较大的情况下 χ^2 检验往往会趋于显著，因此，进一步利用其他拟合指标来辅助判断。各主要拟合指标的具体数值为：$\chi^2/df = 1.342$，GFI = 0.907，CFI = 0.972，NFI = 0.915，RMSEA = 0.032，其取值均符合要求，说明数据与模型的拟合良好。

（2）结构模型的检验

在验证了测量模型后，进一步采用结构方程模型（SEM）方法对结构模型进行检验。为适当简化分析过程，采用二阶因子分析对顾客教育的两个维度及其相关测量指标进行处理。最终分析结果如下：结构模型的 χ^2 值为507.853，自由度为394，$\chi^2/df = 1.289$，GFI = 0.881，CFI = 0.982，NFI = 0.927，RMSEA = 0.035。所有指标均表明数据与模型的拟合良好。

表7.3 给出的参数估计结果表明：顾客教育对事前准备、信息共享和责任行为具有显著影响，H1~H3 成立。然而，顾客教育与情感交互之间的关系却并不显著，H4 未能得到数据的支持。上述结果的原因可能在于：前3个维度更多需要的是顾客在体力和智力方面的付出，可以通过顾客教育中的知识学习和技能训练来获得；而人际交互则需要顾客的情感付出，通常很难通过程序化的顾客教育达到理想效果。因此，服务人员应在服务接触的各个环节投入更多的情感，为顾客提供细致周到的服务，使顾客产生"同理心"，进而与服务人员建立良性的情感互动。

表 7.3　　　　　　　　　　**结构模型的检验结果**

假设路径	标准化路径系数	C. R. 值	结论
H1：顾客教育→事前准备	0.363	5.242 **	支持
H2：顾客教育→信息共享	0.327	4.829 **	支持
H3：顾客教育→责任行为	0.403	5.479 **	支持
H4：顾客教育→情感交互	0.105	1.73	不支持
H5a：事前准备→感知服务质量	0.182	3.707 **	支持
H6a：信息共享→感知服务质量	0.337	6.404 **	支持
H7a：责任行为→感知服务质量	0.354	6.385 **	支持
H8a：情感交互→感知服务质量	0.383	6.974 **	支持
H9a：感知服务质量→顾客满意	0.653	9.810 **	支持

注：*** 表示 $p < 0.001$

分析结果进一步表明，顾客参与的 4 个维度与感知服务质量之间，感知服务质量与顾客满意度之间均存在显著的相关关系，H5a、H6a、H7a、H8a、H9a 得到数据的支持，进一步证实了良好的参与经历对提高感知服务质量所具有的积极作用。

（3）中介效应的检验

由前述的理论模型可以看出，顾客教育以事前准备、信息共享、责任行为和情感交互作为中介变量对感知服务质量和顾客满意度产生影响。其中，除了因顾客教育对情感交互的影响不显著，导致情感交互的中介效应未能得到支持外（H8b 不成立），其他变量的中介效应均需基于调查数据做进一步的检验。

如果在自变量和因变量之间存在中介效应，需要满足以下四个条件：一是自变量显著影响因变量；二是自变量显著影响假定的中介变量；三是假定的中介变量显著影响因变量；四是当在自变量和因变量之间加入假定的中介变量后，自变量和因变量间的关系强度显著降低（部分中介）或完全消失（完全中介）。

按照上述检验程序对顾客参与各维度的中介效应进行检验。例如，以顾客教育为自变量，事前准备为中介变量，感知服务质量为因变量进行检验的程序如下：通过回归分析验证了顾客教育对事前准备的影响显著（$\beta = 0.290$， t = 4.591，p < 0.001）；通过回归分析验证了顾客教育对感知服务质量的影响显著（β = 0.329，t = 5.286，p < 0.001）；通过回归分析验证了事前准备与感知服务质量的关系显著（β = 0.237，t = 3.699，p < 0.001）；以顾客教育、事前准备为自变量、感知服务质量为因变量进行多元回归分析。回归结果表明，事前准备与感知服务质量的关系仍然显著（β = 0.284，t = 4.416，p < 0.001），但顾客教育与感知服务质量的关系强度则显著下降（β = 0.155，t = 2.401，p = 0.017）。上述结果表明，事前准备在顾客教育与感知服务质量之间起部分中介作用，即顾客教育有助于顾客做更为充分的事前准备，进而使其获得更好的服务质量感知。

按照同样的程序，根据所建立的理论模型依次对信息共享、责任行为、感知服务质量的中介效应进行检验。分析结果表明各变量的中介效应均完全或部分显著，H5b、H6b、H7b、H9b、H9c、H9d、H9e 得到验证，进一步证实了理论模型中各变量之间因果关系的正确性。

7.4 本章研究的理论贡献与实践启示

7.4.1 研究的理论贡献

◎ 顾客参与对于服务的生产和交付至关重要，但关于如何影响和优化顾客参与行为的理论研究却相对缺乏。本章对顾客教育和顾客参与的概念内涵和维度构成进行了深入剖析，并对顾客教育影响顾客参与行为的作用机理进行了理论分析和实证检验。研究结果表明，服务企业可以通过知识教育和技能教育等沟通方法，有效地向顾客进行知识转移，消除服务企业与顾客之间存在的信息不对称，提高顾客对企业的信任感（Burton，2002）。顾客教育还可以增加顾客对服务产品的理解和认识，明确自己在服务中应该承担的角色；认真做好事前准备、准确提供需求信息、主动承担自身责任，配合服务人员准确、高效地完成服务的生产和交付，达成预期的服务结果。

　　上述结论提醒服务企业的管理者在通过广告、销售促进、人员推销和公共关系等传统促销手段进行消费者沟通的同时，也应在顾客教育方面投入更多的资源，加强与顾客的沟通与互动，以便促进、改善和优化顾客的参与行为（汪涛，张辉，刘洪深，2011）。

　　◎　现有关于顾客教育的研究虽然认识到了该概念所具有的丰富内涵，但在实证研究的过程中多将其作为单维度概念加以简化处理，所采用的测量量表未能对这一概念的内涵予以充分地揭示。本章在以往研究的基础上，从顾客感知的角度对顾客教育的维度构成进行了分析和梳理，构建了包括知识教育和技能训练两个维度，共计 7 个测量指标的顾客教育测量量表。实证研究结果表明，该量表较为全面地反映了顾客教育这一概念的内涵和外延，且具有良好的信度和效度，为未来进行顾客教育的理论研究和管理实践提供了一种可资借鉴的测量工具。

　　◎　顾客参与与感知服务质量显著相关，且在顾客教育与感知服务质量之间起中介作用，这为服务质量管理提供了新的启示。已有关于服务质量的研究更注重服务企业自身的因素（如服务环境、服务流程、服务人员、服务设施等）对服务质量的影响，本章的研究表明：顾客的各类参与行为，包括事前准备、信息共享、责任行为和情感交互等也是消费者形成质量感知的重要因素。这为服务质量管理提供了新的视角。综合顾客教育、顾客参与和感知服务质量三者的关系可知：顾客教育有助于优化和改善顾客参与行为，进而对提升顾客的服务质量感知产生积极影响。

　　◎　顾客教育与情感交互之间的关系未得到数据的支持，这说明样本企业在进行顾客教育时可能忽视了对服务中情感因素的关注。由于服务交互既需要体力和智力的投入，也需要情感的投入。因此，服务企业一方面要做好内部教育工作，提醒服务人员在提供基本服务的同时，注重加强与顾客的情感交流，以获得顾客的情感回报。另一方面，有必要通过各种方式使顾客意识到：高效的服务生产依赖于供需双方共同的情感投入，顾客应该以积极、友善的态度面对服务人员，给予他们更多的理解和支持，通过与服务人员的良性互动来获得最佳的服务体验（Yi，Nataraajan，Gong，2011）。

7.4.2 研究的实践启示

◎ 顾客教育包括知识讲授和技能训练两个构成要素，服务企业在设计顾客教育项目时，需要结合所在服务业态的特点，对各类顾客参与行为（事前准备、信息共享和责任行为）所需的知识和技能进行仔细分析，据此来设计顾客教育方案和教学内容。在实施顾客教育项目时，不仅要加强对服务知识的讲解，还应尽可能地提供实际的服务体验环境，使顾客通过学习和模仿来提升服务参与技能。这种"用中学"（Use-based Learning）的方式能够显著改善教育效果，增强顾客对服务企业的信任以及对服务产品的价值感知。

◎ 在顾客教育实践中，有必要对顾客进行合理的组合，将具有相似需求、背景、特征、知识和技能水平的顾客聚集起来，这将有助于产生群体互动，获得良好的学习效果。同时，应该对各种教育手段加以灵活运用，除了最为常用的面对面的沟通方式外，纸面材料（如顾客手册）、视频材料、电话等都可以成为顾客教育的有效途径。企业应将上述沟通方式科学、合理地加以组合，充分发挥各种媒介的特点和优势，以便获得最佳的传播效果。随着网络和通讯技术的飞速发展，企业与顾客的互动途径更加丰富，为开展大规模的顾客教育提供了可能。

◎ 顾客教育是企业与消费者深度沟通和互动的过程，也是企业进行关系营销的良好机会。在这个过程中，企业可以直接获取顾客的需求，并通过改进服务或开发新的服务产品来更好地满足顾客需求，进而改善顾客关系，提升顾客满意并建立顾客忠诚。

7.4.3 研究的局限性

由于条件的限制，本研究存在以下不足。首先，仅选择美容行业中的一家典型企业开展研究，在行业和企业的选择上具有一定的局限性。对于不同的服务业态，顾客在参与水平和参与行为上存在一定差异，可以想象，顾客教育对顾客参与行为的作用会受到服务业态等情景变量的影响，因此，本章的结论有待在其他服务领域中进行检验。其次，由于美容行业的顾客在性别、年龄等人口统计特征上相对集中，一定程度上影响了样本所具有的代表性。今后，会进一步拓展研究范围，以检验本章结论所具有的普适性。

▶▶▶▶▶▶▶▶

本章实例：北京联通开办 3G 手机大讲堂

2011 年 3 月 19 日，在北京联通太平湖业务体验厅，30 多名客户通过聆听专业讲师对各类智能手机的讲解，了解了智能手机的精彩功能，体验了 3G 网络的种种乐趣。提问、解答、互动、探讨，现场气氛十分活跃。"北京联通 3G 俱乐部手机大讲堂——iPhone 精彩体验季"由此正式拉开帷幕。

因为工作和生活的需要，越来越多的人开始使用智能手机。苹果公司的 iPhone 持续热销，带动各大手机厂商纷纷推出各种款式的智能手机。为了让用户了解智能手机的功能和特点，给用户提供更多、更好的 3G 服务，充分挖掘智能手机的价值，北京联通最近推出了"3G 手机大讲堂"系列活动。该项活动在联通自有营业厅及合作商家的场地相继展开。从 2011 年 3 月至年底，预计将有近万名北京联通的客户通过大讲堂得到技术指导与服务支持。

为使讲座内容适合于使用不同操作系统及具有不同应用水平的用户，北京联通将每一款智能手机的讲座均分为初级、中级和玩家三个级别。近期推出的讲座主题为"iPhone 精彩体验季"，主要面向北京联通现有的 iPhone 合约计划用户及希望办理 iPhone 合约计划的用户。

（1）手机大讲堂的服务对象与授课内容

据了解，部分客户在使用智能手机和 3G 业务时存在"不知道、不注意、不明白、不会用"等问题。北京联通对其中一些比较常见的问题进行了归纳和总结，并针对这些问题，推出了"通信理财"专题服务。"3G 手机大讲堂"就是其中的重点内容。"3G 手机大讲堂"将面向所有北京联通的移动用户展开，通过多地点、多频次的顾客教育，逐步解决"四不"问题。

（2）手机大讲堂的课程设置

手机大讲堂的课程主要包括玩转手机、热点应用和互动体验三大部分。

玩转手机是针对 iPhone OS、塞班和安卓这三种主流的手机操作系统，结合热销手机的特点进行应用讲解，旨在充分挖掘智能手机的功能价值。

热点应用是针对联通的重点3G业务及其在各款智能手机上的具体实现，由专业讲师进行功能讲解和现场演示，让用户切实体验到3G网络的快捷与便利，从而对现代化的生活方式、娱乐方式和消费方式形成直观的认识。

互动体验是在活动现场指导用户安装和使用相关软件，并在用户体验的过程中提供全程的技术支持，从而使用户成为真正的"手机达人"。

（资料来源：http：//www. bj. xinhuanet.
com/bjpd－wq/2011－04/02content_22439517. htm）

第 8 章

服务接触中的顾客感知
支持与顾客公民行为

8.1　顾客支持的重要性

顾客的配合和参与是服务生产和服务传递顺利进行的重要保证，对服务质量和服务绩效具有显著影响。因此，服务企业有必要建立行之有效的管理机制来引导和优化顾客行为，使其积极而高效地参与到服务的合作生产和价值共创的过程中，通过与服务人员的密切配合来实现服务效率的最大化。

服务生产中的顾客合作行为通常被划分为顾客参与行为和顾客公民行为。其中，顾客参与行为是指为了保证服务的正常传递，顾客有义务去履行的"角色内"行为，如在服务前做好相应的准备（事前准备）、向服务人员正确地描述自己的服务需求（信息共享），承担服务生产中应尽的责任（责任行为），以及与服务人员相互配合及互动（人际互动）等。而顾客公民行为则是指未被服务企业所要求的、顾客自发表现出来、有利于改善服务绩效的"角色外"行为。如为服务人员和其他顾客提供帮助（帮助行为）、向其他潜在顾客推荐服务企业（口碑传播）、对服务人员表现出宽容、友好的态度（仁慈宽容）等（范钧，孔静伟，2009）。

社会交换理论指出，社会关系的建立和维系是以互惠互利为前提的。顾客在服务生产中之所以愿意表现出额外的付出，必定以从服务企业中获得超出期望的物质或精神利益为前提。以往的研究表明，顾客光临服务场所不仅是为了追求服务所提供的功能利益，也是在寻求社会和心理利益的满足，在美容、健身、教育、家政、医疗、休闲餐饮（酒吧、咖啡厅、休闲餐厅等）等高参与度的服务中尤其如此。对于顾客来说，服务体验既是一种消费行为，也是一种人际交往和社会互动行为，服务人员和其他顾客所提供的物质或精神上的帮助与支持对于顾客而言是一种超出基本服务之外的"额外收益"，可能是顾客形成与服务企业的关系承诺，进而表现出"角色外"公民行为的重要驱动因素。

本章以社会交换理论和人际弱连接理论为依据，建立了以关系承诺为中介变量、反映顾客感知支持与顾客公民行为之间关系的理论模型，并提出了相关的研究命题。通过对相关概念内涵的分析，将顾客感知支持划分为信息性支持、工具性支持、情感性支持和同伴性支持四个维度，将关系承诺划分为算计性承诺和情感性承诺两个维度。分析结果表明，信息性支持和工具性支持对算计性承诺的影响显著；情感性支持和同伴性支持对情感性承诺的影响显著；算计性承诺和情感性承诺均对顾客公民行为具有显著影响，但情感性承诺的影响应大于算计性承诺。本章的分析结果揭示了不同的顾客支持手段对顾客公民行为所具有的积极作用，也为企业设计恰当的管理机制来引导顾客公民行为提供了有益的启示和借鉴。

8.2　相关文献综述

8.2.1　社会支持理论及其在服务营销中的应用

社会支持是社会学中的一个重要概念，相关研究始于20世纪60年代，是在人们探求生活压力对身心健康影响的背景下产生的。目前为止，人们对社会支持的内涵仍然没有达成共识。例如，科布（Cobb，1976）认为，社会支持是个体通过自身所在的社会网络获得的三类感受，即个体被关心和爱护的感受、个体相信自己有尊严和价值的感受、个体属于某个群体的感受。戴维·迈尔斯（Divid Myers，2010）指出，社会支持由能够提供物质和人际资源的社会关系构成；科恩（Cohen，2004）则认为，社会支持是个体所属的社会网络为了帮助其有效地应对环境压力而提供的物质帮助和心理支持。综合上述定义可以看出，社会支持是个体从其所拥有的社会关系（如家人、朋友、同事、社区、所属团体等）中获得的物质或精神上的帮助和支持，这些支持能缓解个体的紧张状态和应激反应，提高个体适应社会的能力。

研究者从不同的角度对社会支持的维度进行了划分。例如，从内容的角度可以将社会支持划分为四个维度，即工具性支持、信息性支持、情感性支持和同伴性支持。其中，工具性支持是指向个体提供物质资源、财力帮助或所需服务等；信息性支持是指向个体提供相关信息，以帮助其应对当前困难，一般采用建议或指导的形式；情感性支持涉及向个体表达的共情、关心和爱意，使其感受到温暖与信任；同伴性支持是指与他人共度时光，从事消遣或娱乐活动，以满足个体与他人接触及互动的需要，缓解个体对压力的负面情绪和不良反应。此外，还可以从主客观的角度将社会支持划分为两种类型，即个体实际接收到的社会支持和个体自身感知到的社会支持。

社会支持来自于个体所属的社会网络。从沟通互动的频率和密切程度来说，个体与社会网络中各类节点的关系可以被分成强连接和弱连接两种类型。强连接关系通常代表者个体之间具有高度的互动，在某些互动关系型态上较为亲密，如个体的至亲、密友、正在共事的同事等；弱连接是指与个体沟通和互动的机会较少、关系较为松散的社会关系，如同学、普通朋友、所属团体成员等。"弱关系"理论的提出者——迈克·格莱诺维特（Mark Granovetter，1973）的经典研究表明，与个体的工作和事业联系最紧密的通常并不是"强连接"的社会关系，却恰恰是那些"弱连接"的社会关系。弱连接虽然不如强连接稳固，却有着快速、低成本和高效能的传播效率。他的研究引起了人们对于社会关系中弱连接作用的关注和重视。

进入 20 世纪 80 年代，社会支持理论逐渐受到管理学界的重视。罗伯特·埃森伯格（Robert Eisenberger，1986）基于社会交换理论和社会支持理论，提出了组织支持理论。该理论指出：员工如果感受到组织对其给予了充分的关心、支持和认同，则会更为积极地投入工作中，进而提升其工作绩效。大量的研究表明，组织支持行为有助于提升员工对于组织的满意和信任，建立与组织的关系承诺，进而自发地表现出不为企业绩效系统显性激励，却有利于组织发展的"角色外"行为，即组织公民行为。社会支持理论在组织行为研究中所获得的成果为其在企业管理其他领域中的应用提供了启示和借鉴。

随着服务消费在人们日常生活中占比的日益提升，人们在服务场所中停留的时间更长，服务场所成为人们获得社交体验的重要途径。服务消费具有明显的人际交互特征，服务人员与顾客构成了一个临时的社会环境。借用社会支持和组织支持的研究成果，贝登科特（Benttencourt，1997）提出了顾客感知支持的概念，他将顾客感知支持定义为顾客从服务场所中的相关群体（与其具有互动关系的服务人员和其他顾客）所获得的实际或心理方面的帮助与支持。例如，服务组织能够平等的对待顾客（服务公平性），提供可靠的服务来兑现服务承诺（服务的可靠性和保证性）、有效地进行服务失败的补救、为顾客提供心理或情感上的关心和帮助等。已有研究表明，人们在服务消费中所获得的感知支持对其行为具有显著的影响，其作用应该得到服务企业的高度关注。

8.2.2 关系承诺的研究综述

关系承诺是关系营销中的核心概念，是指顾客维持现有关系的主观意愿。罗斯布鲁特（Rusbult，1980）把关系承诺定义为个体在心理上对某种关系存在依赖性，并愿意为维系关系付出努力的倾向性。研究表明，关系承诺是顾客对企业的评价与维持关系的意愿之间的重要中介变量，也是企业建立长期顾客关系和获得竞争优势的必要条件。在关系承诺研究的初期，人们通常将其作为单维度概念。但随着相关研究的逐渐深入，关系承诺逐渐发展成为内涵丰富的多维度概念。梅耶尔（Meyer，1991）等认为，关系承诺包括情感性承诺、算计性承诺和义务性承诺三个维度，这也是目前最受认可的关系承诺维度的划分方法。

　　近年来，关系承诺理论开始在营销领域广泛应用。由于营销管理是站在企业的视角进行顾客心理及行为的分析和研究，所以营销领域的关系承诺也被称为顾客承诺。研究者站在营销管理的角度，对顾客承诺三个维度的内涵进行了剖析。其中，情感性承诺是指一种积极的情感依恋，是顾客愿意与企业或品牌维持关系的程度。与企业形成情感性承诺的顾客即使在出现更好替代者的情况下也不会轻易放弃关系，表现出维系和忠于关系的坚定信念。算计性承诺是指顾客由于转换成本太高或对未来有较高的收益期望而不得不与服务企业维持关系的心理状态，通常与功能性或经济性的利益密切相关。规范性承诺是指顾客感到对企业具有某种义务而必须维系关系的心理状态。例如，具有强烈民族意识的消费者会主动选择本国企业生产的产品，并对外国生产的产品加以抵制。

　　在明确界定关系承诺的概念内涵和维度构成的基础上，人们又进一步对关系承诺的影响因素进行了研究。研究表明，关系承诺的三个维度分别受不同因素的影响。情感性承诺的影响因素主要包括满意、信任、公平、价值观认同等；算计性承诺主要受功能利益、转换成本和经济价值等因素的影响；而规范性承诺的前置因素包括社会规范、义务约定等。可见，关系承诺的三个维度分别受不同前置因素的影响，这也为构建和深化顾客的关系承诺提供了系统的指引。

　　人们进一步对B2B（企业之间）和B2C（企业和消费者之间）两种情境下顾客承诺的作用效果进行了分析，结果表明，在B2B情境下，顾客承诺的结果包括顾客离弃倾向减弱、关系解体的可能性减小、顾客满意度提高、合作增强、关系质量提高以及二元关系下的销售量增加等。B2C情景下顾客承诺的结果包括关系保持意向增强、顾客转换意向减弱、顾客满意度提高、顾客忠诚度提高、积极传播正面口碑、顾客份额增加以及顾客感知风险降低等。其中，顾客正面口碑传播受到的关注度最高。

8.2.3　顾客公民行为的研究综述

顾客行为是影响企业营销绩效的关键因素之一。格罗斯（Groth，2004）

根据顾客在服务生产中所起的作用和扮演的角色将顾客行为划分为角色内行为和角色外行为，也就是顾客参与行为和顾客公民行为。其中，顾客参与行为是指顾客为了获得自己所期望的服务结果而必须采取的、且为企业所期望的行为。顾客公民行为则是指并非服务的生产和传递所必需的，顾客自愿采取且有利于企业的行为。顾客公民行为具体表现为顾客的忠诚行为（再购买意向、再购买行为和口碑行为）、宽容和仁慈、向服务人员和其他顾客提供帮助、为服务企业提供建议和反馈等。

顾客公民行为的维度构成有三维度、五维度和八维度三种典型的划分方法。贝登科特（1997）认为，顾客公民行为有三种表现形式：一是忠诚，表现为顾客对企业的产品和人员的依赖，具体表现为自发的口碑传播、再购买意向和实际的再购买行为；二是合作，即顾客遵守和配合企业的要求，协助服务人员完成服务的生产和传递；三是参与，即顾客通过建议和投诉等反馈方式帮助企业改进服务。罗森鲍姆（2006）等人认为，顾客公民行为包括忠诚、合作、参与、移情和责任心五个维度。鲍维（Bove，2008）等人总结前人的研究成果，进一步提出了顾客公民行为的八维度模型，即良好的口碑传播、积极的关系展示、参与企业活动、仁慈与宽容、灵活的响应、提出改进建议、善意投诉和影响其他顾客。

在明确了顾客公民行为的概念内涵和维度构成的基础上，人们又进一步对顾客公民行为的形成机理和影响因素进行了研究。社会交换理论和资源交换理论为解释顾客公民行为的形成机理提供了很好的理论依据。社会交换理论的"互惠原则"认为，顾客之所以愿意自发地表现出有利于企业的"角色外"行为，是因为他们可以从与企业的交互过程中获得高于期望的"额外"收益。归纳起来，顾客公民行为主要受四类因素的影响，即关系质量、服务公平性、顾客的社会支持感及员工的公民行为。其中，关系质量主要指顾客对企业的满意、信任和承诺的程度。服务公平性主要由程序公平性、结果公平性和交往公平性三个维度构成，分别体现了顾客对于服务过程、服务结果和服务交互三类因素的公平性感知。服务企业和服务人员所提供的社会支持可以使顾客获得服务基本利益之外的附加情感收益和物质收益，而服务人员的公民行为也有助于提高顾客满意和顾客承诺，进而对顾客公民行为产生正向的影响。

顾客公民行为对服务企业的绩效具有显著的影响。例如，顾客对服务人员和其他顾客的帮助有助于服务生产和传递过程的顺利进行，从而提高服务的效率；顾客的正向口碑传播有利于提高服务企业的知名度和美誉度，帮助服务企业将更多的潜在顾客转化成实际顾客；顾客的反馈和建议有助于服务企业及时发现服务流程中存在的问题，在出现服务失败时及时进行补救，从而更好地满足顾客的服务需求，降低服务失败所带来的影响和损失。此外，忠诚的顾客对于服务人员表现出更多的理解和配合，更加注重与服务人员的情感互动，对于偶然的服务失败会表现出仁慈和宽容的态度，上述行为都会有助于服务人员与顾客之间建立和谐的互动关系，共同构建融洽的服务氛围。

8.3 理论模型和研究命题

根据社会交换理论，当顾客感知到服务企业向其提供核心服务以外的社会支持时，会对服务企业产生义务感并进而表现出支持服务企业目标的行为，即顾客会通过展现公民行为来作为对服务企业提供的额外社会支持的回报。在现有的研究中，人们虽然已经对顾客支持、顾客承诺和顾客公民行为三者之间的关系进行了探索性的研究，但在这些研究中，通常没有对顾客支持、顾客承诺等概念的内涵做深入的分析，而是将其视为单维度概念。研究结果虽然揭示了上述概念之间可能存在的内在联系，但对具体的作用机制揭示的还不够深刻，提出的管理建议也缺乏足够的现实意义。

本章在现有研究的基础上，对顾客支持、顾客承诺等核心概念的内涵进行了深入分析。将顾客支持划分为信息性支持、工具性支持、情感性支持和同伴性支持四个维度。一般认为，顾客承诺包括算计性承诺、情感性承诺和规范性承诺三个维度，但由于在现实生活中顾客感到有社会规范和责任义务而与企业维持关系（规范性承诺）的情况较为少见，因此，仅考虑算计性承诺和情感性承诺对顾客公民行为的影响。进一步从维度层面建立了反映上述概念之间关系的理论模型，具体如图8.1所示。从理论模型可以看出：信息性支持和工具性支持主要为顾客提供了物质性、功能性或经济性利益，因此是算计性承诺的主要影响因素。而情感性支持和同伴性支持同属于社会互动的概念，应该是导致顾客形成情感性承诺的主要原因。

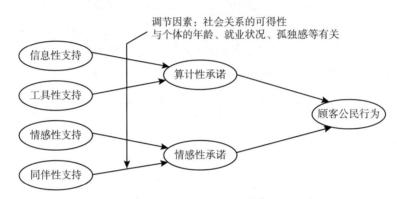

图 8.1　顾客支持对顾客公民行为的作用机理模型

8.3.1　信息性支持和功能性支持对算计性承诺的影响

在服务交易的过程中，企业与顾客的交换关系分成经济性交换和社会性交换两种类型。在服务接触的初期，供需双方往来的主要目的是进行功能性的价值交换，即经济性交换。随着互动次数的增加，双方关系中社会交换的成分逐渐增加，情感、信任、义务、承诺成为决定双方关系的重要心理因素。但应该注意的是，经济性交换和社会性交换并不是交换关系的两个极端，而是相互影响、相互作用的，即人们在持续的经济性交换过程中，会逐渐建立起融洽的社会性交换关系，而良好的社会性交换关系则对经济性交换具有促进和提升的作用。

从前面的分析可以看出，顾客承诺主要包括算计性承诺和情感性承诺，其中，算计性承诺主要受功能利益、转换成本和经济价值等因素的影响，是经济性交换关系的体现。通过对社会支持维度构成的分析可以看出，信息性支持和功能性支持这两个维度主要反映的是功能层面的社会支持。例如，信息性支持包括服务人员为顾客提供足够的信息（包括顾客需要的、与服务有关或服务以外的信息）、为顾客提供有益的意见或建议、帮助顾客做出正确的选择等。随着人们工作和生活节奏的日益加快，服务场所成为顾客获取各类信息的重要途径，因此，信息性支持可能是顾客产生算计性承诺的重要前因之一。

　　工具性支持是指服务企业向顾客提供物质资源、财力帮助或所需服务等。例如，如果服务企业能够在顾客经济状况不佳的情况下适时地向顾客提供信用消费，则有助于顾客在满足自身服务需求的同时避免承担过大的财务压力。此外，向顾客提供可靠的服务、在服务失败的情况下及时提供补救措施、根据顾客的需求提供基本服务以外的个性化服务等都被认为是服务企业为顾客提供的工具性支持。在服务接触的过程中，顾客之间也会互相提供帮助。有些与顾客购买的产品和服务有关，如交流产品和服务的使用心得、提供产品维修及维护方面的知识；有些与日常生活相关，如在交通、家庭事务等方面提供互助等，这些社会交往行为都属于功能性支持的范畴。基于上述分析，提出如下的命题。

　　命题 1：顾客感知的信息性支持对算计性承诺具有正向的影响；

　　命题 2：顾客感知的功能性支持对算计性承诺具有正向的影响。

8.3.2　情感性支持和同伴性支持对情感性承诺的影响

　　服务接触的双方既存在交易关系，也存在社会关系。顾客在与服务企业互动的过程中非常注重服务人员对待自己的方式和给自己带来的感受。如果服务人员能够向顾客提供情感支持，与顾客建立同伴或朋友式的互动关系，则有助于顾客形成对服务企业的正面情感，顾客就会因为获得了社会利益和心理利益而愿意维持与企业的关系。在服务传递的过程中，随着服务人员与顾客之间日益熟悉，会逐渐建立起良好的互动关系，甚至会产生朋友般的交互行为，如相互倾吐心声和赠送礼物。双方的谈话内容除了业务内容外，还会较多地涉及个人和家庭事务、社会问题、兴趣爱好和健康状况等。

　　由于在工作和生活中缺乏友谊和情感支持，一些特殊的消费群体会产生孤独感和疏离感。对于这些消费者来说，通过商业场所来获得情感性支持和同伴性支持的需求更为迫切。例如，对于老年消费者来说，需要不断地面对导致其既有社会关系"断裂"的事件，如退休、丧偶、空巢、疾病、亲友亡故等。这些负面事件势必会促使消费者通过与商业场所的员工和顾客建立"商业友谊"来替代那些失去的社会联系和社会资源。再如，某些专职家庭主妇通过各类商业场所和服务场所来结识伙伴、获得友谊，以满足自身社会交往的需求。

　　情绪感染（Emotional Contagion）理论也为情感性支持和情感性承诺之间的关系提供了理论支持。情绪感染理论指出，人们会下意识地模仿其同伴的情绪和情感，并将其反馈给同伴进而形成与同伴间的情绪交互。由于人际互动是服务接触的重要特征之一，因此，情绪感染理论也被用来指导服务营销的实践。在服务接触的过程中，服务人员的仪态、礼仪、亲和力、语言表达以及对顾客的关心程度等情绪展示都会对顾客产生影响。员工的情绪展示会引发顾客的模仿，导致顾客情绪状态的变化。如果顾客能够持续感受到来自于服务人员的正面情绪，这种正面情绪将不断被强化，并逐渐使顾客形成对服务企业和服务人员的情感承诺及情感依赖。

　　研究表明，顾客在评价服务质量的过程中既包括认知因素，也包括情感因素。随着服务标准化程度的日益提升，服务产品的同质化趋势也愈发明显。在这种情况下，顾客对服务人员及双方互动关系的感知就会成为其评价服务质量的重要依据，对服务质量的评价也会对情感性承诺产生显著的影响。而且，由于服务产品具有"无形性"这一鲜明特点，服务人员往往被作为服务企业的代表，顾客对服务人员的情感依赖进而会转化为顾客对服务企业的情感依赖。高度承诺的顾客会对企业的目标和价值产生强烈的认同感，也会更加关注企业员工的感受和福利，进而表现出正向口碑、互助、宽容等顾客公民行为。综合上述分析，提出如下命题：

　　命题3：顾客感知的情感性支持对情感性承诺具有正向的影响；

　　命题4：顾客感知的同伴性支持对情感性承诺具有正向的影响。

　　由于不同的顾客所掌握的社会资源具有显著的差异，因此，他们对现存社会关系的依赖性也具有明显的差异。例如，老年人、专职的家庭主妇的社会关系较为单一，这种单一的社会关系对其情感需求和社交需求的满足具有更为重要的意义。因此，如果上述消费者感知到了来自于服务场所的信息性、功能性、情感性或同伴性的社会支持，则更有可能促使他们形成心理或情感上的承诺。也就是说，社会资源和社交关系的可得性对社会支持与关系承诺的联系强度具有一定的影响，即在上述两者的关系间起调节作用，因此，提出如下命题：

命题 5：顾客社会关系的可得性对感知社会支持与关系承诺之间的关系起调节作用。

8.3.3 算计性承诺和情感性承诺对顾客公民行为的影响

情感和认知是决定个体行为的两个重要前置因素，由前面的分析可知，算计性承诺和情感性承诺可被分别看做是关系承诺中的认知性要素和情感性要素。即算计性承诺是个体在将维持关系的收益与付出进行仔细的认知判断后所形成的；而情感性承诺是个体因为重视关系所带来的情感利益，对关系产生的卷入度、认同感和依恋感。根据认知一致性理论，个体会努力保持态度（包括情绪和认知等心理因素）与行为的一致性，否则就会产生认知失调，并形成心理上的紧张感、压力感和不适感。因此，当顾客形成了对企业的算计性承诺和情感性承诺后，必然会自发地表现出有利于服务企业的"角色外"行为，即顾客公民行为。

此外，共情理论也为解释顾客感知支持与顾客公民行为之间的关系提供了理论依据。所谓共情是指站在他人的立场去感受和理解他人，并体验他人的情绪和情感的能力。当个体被关注、接纳和尊重时，内心就会产生愉悦和满足感。这样的愉悦和满足感将促使个体做出"强回报"反应。在服务接触的过程中，顾客如果能够感受到来自服务人员和其他顾客的信息性、工具性、情感性和同伴性的支持，则会对社会支持的提供者产生"共情心"，或称为同理心，从而表现出各种回报服务员工或其他顾客的公民行为。

研究表明，承诺是给予和付出的重要决定因素。高度承诺的顾客更有可能将服务企业的价值观和目标内化，更愿意表现出有利于承诺对象——服务企业、服务员工及其他顾客的正面行为。当顾客与服务企业建立了深厚的情感联系时，则会更加乐于与企业分享个人信息、消费体验和内在需求，同时，也会因为希望得到情感支持或其他社会及心理利益而选择去自己熟悉的服务企业进行消费。而且，顾客与企业之间的良好关系也有助于消除偶然的服务失败对顾客体验所产生的负面影响，即顾客会表现出更加宽容的态度。

综合上述分析，提出如下假设：

命题6：顾客的算计性承诺对顾客公民行为具有正向的影响，且在信息性支持、工具性支持与顾客公民行为之间起中介作用。

命题7：顾客的情感性承诺对顾客公民行为具有正向的影响，且在情感性支持、同伴性支持与顾客公民行为之间起中介作用。

自愿性和自发性是顾客公民行为的重要特征。现有的研究表明，算计性承诺、情感性承诺和规范性承诺均会使顾客表现出正向口碑等顾客公民行为。其中，算计性承诺是基于功能性利益而形成的纽带关系，而情感性承诺则体现为对社会、情感方面的难以割舍。由于顾客公民行为是顾客自愿承担的，并非服务的核心功能所必需的角色外行为，所以，同认知要素相比，情感要素对促使这类行为的产生必然具有更大的作用。因此，提出如下假设：

命题8：与算计性承诺相比，情感性承诺对顾客公民行为的影响更为显著。

8.4　本章的结论与启示

本章基于文献研究的方法，分析了服务场所的社会功能，探讨了服务人员和其他顾客所提供的社会支持对顾客公民行为的影响，希望借此拓展人们对于服务场所功能的理解和认识。本章所提出的命题有利于服务企业的管理者在重视提升服务的产品利益和功能利益的同时，也注重为顾客提供更多的情感利益和社会利益，以满足其社会心理需求。这些措施将有助于顾客形成对服务企业、服务人员或其他顾客的心理承诺，并通过表现出角色外的公民行为来帮助服务企业提升服务绩效。本章的理论和实践意义归纳如下：

◎ 消费场所在满足人们的社交需求方面正在发挥日益重要的作用，由于人们的工作和生活节奏日益加快，传统意义上由家人、同事和朋友等社会关系所构成的"强连接"在提供社会支持方面的作用愈发减弱。人们更多地借助商业和服务场所来弥补自身在社会交往方面的缺失与不足，寻求心理上的满足和安慰。尽管格莱诺维特（1973）将顾客在服务场所中与服务人员和其他顾客所建立的社会关系定义为"弱连接"，但事实上，这些"临时性"的社会关系对满足人们的社交需求具有重要的作用，即所谓的"弱连接的强作用"。因此，服务企业应该积极地创造条件，使顾客与顾客之间、服务人员与顾客之间建立良好的互动关系，使其在服务接触的过程中获得最佳的人际交往体验。

◎ 企业应加强对情感性支持和同伴性支持的关注和重视。情感性支持和同伴性支持体现了服务人员和顾客之间平等、互惠的关系，是顾客形成服务质量感知的重要影响因素。著名的服务质量量表——SERVQUAL 量表中就包括"共情性"维度，"共情性"是指服务企业和服务人员能够设身处地地为顾客着想，了解并满足顾客的个性化需求，并给予顾客充分的关心、体贴和爱护，使服务过程充满人性的关怀。服务企业应树立"顾客是朋友"的服务理念，鼓励员工与顾客建立朋友式的伙伴关系，营造愉悦、舒适的服务氛围。这将有助于顾客产生对企业的认同感和归属感，并建立不易被竞争者模仿和取代的竞争优势。

◎ 从本章的分析可以看出，由于不同的消费者所拥有的社交资源存在很大差异，因此，他们从服务场所获取社会支持的需求也有显著的不同。对于一些特殊的消费群体，如老年人、专职的家庭主妇、性格较为孤僻的人，由于其所拥有的社会资源比较匮乏，因此对在消费过程中获得的社会支持和商业友谊就更加具有依赖性。从服务企业的角度来说，应该重点了解上述消费群体的社会支持需求，并鼓励服务人员在力所能及的情况下积极地向顾客提供相应的支持与帮助。同时，促使顾客之间形成和谐融洽的交互氛围，从而更好地满足他们的社会和心理需求。

◎ 本章提出的研究命题对于服务企业的人力资源管理也具有一定的启发意义。由于员工是服务企业的代表，所以，成功地建立和发展顾客关系，在很大程度上取决于如何选拔、培训和管理一线员工。企业在招聘服务人员时，应该对他们的人际交往能力进行正确的评估，还要考虑其年龄、性别、外貌和兴趣是否与潜在顾客相匹配。在进行一线员工的培训时，改变过去只注重销售技巧而忽视关系发展能力的做法，加强人际交往能力的训练。企业还应重视对高价值员工的管理，因为高价值员工的离职很可能会导致他掌握的优质客户的流失。

◎ 随着互联网技术的飞速发展，人们通过商业关系所形成的社会网络已经摆脱了物理场所的束缚，服务和社区的电子化为人们提供了全新的沟通和互动媒介。通过电子化的沟通平台，服务人员与顾客之间、顾客与顾客之间可以更为便利地进行沟通、建立友谊、提供物质和精神上的互助。可以说，互联网大大拓展了人们获取和提供社会支持的途径和渠道。但同时也应该注意到，某些特定的消费群体，如老年人及社会经济地位较低的消费者，更偏爱通过有形的途径来建立社会关系和获得情感支持。因此，在面对上述消费群体时，更有必要通过面对面的方式来提供社会支持，从而建立关系承诺，并引发其顾客公民行为。

第9章

购物网站中的社会要素与顾客行为意向

9.1　购物网站中社会要素的重要性

随着信息技术的飞速发展，以互联网为媒介的电子商务正在全球范围内迅速兴起。在消费品市场，通过网络购物的顾客数量也在逐年上升。虽然B2C电子商务具有变革传统零售模式的巨大潜力，但其发展过程中仍然存在着诸多问题有待解决。目前，网络零售商正面临着来自传统实体商店和其他网络零售商的双重压力，迫切需要提升管理水平来应对竞争。

购物网站是电子商务企业接触顾客的"最前沿"，在吸引和保持顾客方面发挥着极其重要的作用。因此，产业界和学术界都非常关注如何通过精心设计购物网站来营造良好的网络购物氛围，给顾客带来最佳的网络购物体验（Manganari，2009）。在网络购物的过程中，消费者以计算机和网络为媒介与商家进行沟通并达成交易，无法像在实体商店那样直接与销售人员进行互动。语言、表情、动作等社会性信息的缺失使顾客难以产生类似于实体购物过程中的临场感，进而影响了他们的购物体验和消费意愿（Hassanein，2007）。

研究表明（Childers，2001），消费者进行网络购物的需求和动机与在实体商店购物时相类似。网络购物既是一种事务性的交易活动，同时也是享受购物乐趣和进行社会交往的过程。因此，合理运用各类能够传播社会信息的设计要素来增加顾客在虚拟购物环境中的临场感，满足他们的消费需求和心理需求，成为具有理论和实践意义的研究主题。

购物网站中的社会要素是指具有特定社会意义的网站设计要素，按照信息传递和受众接受方式的不同可以分成印象型社会要素（imaginary cues）和交互型社会要素（Interactive Cues）。印象型社会要素是指被植入网站中的、带有特定社会意义的、单向传递信息（由企业到顾客）的网站设计要素，如带有特定意义的图片、文字、预先录制好的语音和视频等。顾客在接受这类要素时通常是被动的。交互型社会要素则是指集成在网站中的，使顾客和商家能够进行双向沟通、实时互动的网站设计要素或功能单元，顾客对于这类要素的接受和使用往往具有一定的主动性和可控性。与顾客进行沟通的既可以是真实的网站工作人员，如在线客服；也可以是由后台程序实现的拟人功能，如虚拟购物助手等。

虽然上述两类社会要素已经在一些购物网站中被广泛使用，但人们对其作用的认识多是基于直觉和经验，这些要素对顾客的购物体验和消费意愿是否具有显著影响还有待通过严谨的实证研究进行检验。而且，对上述两类要素的作用效果还缺乏基于实证的比较，其作用机理也尚未明确，对消费者在这些设计要素的作用下经历了怎样的认知和心理过程也有必要做进一步的研究。对上述问题的清晰认识不仅可以帮助网络零售商深化对顾客的购物需求，尤其是社会性需求的理解和认识，也有助于管理者更为明确、合理地使用社会要素来改善顾客感知、提升销售业绩。

本章以社会临场感（social presence）理论、计算机即社会成员（computer as social Actor）理论为基础，提出了"在购物网站中植入印象型（带有特定社会意义的图片和文本）和交互型（在线购物助手）社会要素可以提升顾客在虚拟购物环境下的社会临场感，进而对其情绪、认知及购买意愿产生正面影响"的理论推断。采用实验法对所提出的理论模型进行了检验，为购物网站的设计和管理提供了新的视角和有益启示。

9.2　网络购物环境中的社会要素研究述评

随着现代零售业的快速发展，商店环境与顾客行为的关系引起了学界和业界的广泛关注。随着电子商务的飞速发展，一些学者已经意识到将"商店氛围"的研究拓展到在线领域的必要性。早期针对"网络商店氛围"的研究多是基于信息系统和人因工程的有关理论，从便于使用和提高效率的角度出发，探讨如何提高购物网站的功能性、易用性和美观性（Hong，2004；Kim，2009；Oh，2008；Vrechopoulos，2004；Wu，2008）。虽然这些研究对提高网站的设计水平、改善顾客的购物体验起到了重要的作用，但从本质上来说它们是功能导向的，缺乏对顾客社会性需求的关注，因此具有一定的局限性。

斯普劳尔（Sproull，1986）等人指出，在面对面的人际互动中存在着丰富的社会要素，双方均可以通过对方的外貌、表情、动作、姿态、语言来获得有助于人际互动的社会性信息。然而，网络购物本质上是人机交互过程，消费者往往会因为虚拟环境中缺乏上述社会要素而降低其主动性，而只是被动地接受信息，影响了传播和沟通的效果。

肖特（Short，1976）等人提出的社会临场感（social presence）理论为如何丰富人机界面的社会性和情感性提供了理论依据。他指出社会临场感是人们在与媒介交互的过程中所产生的、类似与他人面对面沟通的心理感受，是受众对传播媒介在社会情感方面的感知。short 进一步通过实验法分析了受众在面对不同传播媒介时社会临场感所存在的差异，并以语义差异量表的形式给出了这一概念的测量指标。其中的典型指标包括社交的——非社交的（sociable——unsociable）、敏感的——不敏感的（sensitive——insensitive）、个性化的——非个性化的（personal——impersonal）、温馨的——冷淡的（warm——cold）。拉姆巴德（Lombard，1997）等人认为，社会临场感其实是人们的一种错觉，并非来自于参与媒体的其他人，而是源于媒体本身，通过在媒体中植入丰富的设计要素就会使受众产生"身临其境"的社交体验。

生动性（vividness）和交互性（interactivity）被认为是影响社会临场感的两类主要因素（Fortin，2005）。生动性能够提高商品展示的逼真程度，通常与媒体要素的丰富程度有关。随着网络技术的发展，生动性的表现形式越来越丰富。信息可以通过文本、图像、视频、音频、动画等多种形式传达给受众，使其身临其境地感受产品和服务。交互性是网络这种新兴媒体区别于传统媒体的重要特征，网络互动具有个性化交流、用户控制和双向沟通等特点，可以模拟现实中的人际沟通，从而有效地提高受众对网络媒体的感知水平，增加其社会临场感。

印象型要素是提升媒体生动性的主要手段，具有丰富社会意涵的印象型社会要素能够促使用户产生对人际交往的想象，有助于提升他们的社会临场感。在各种虚拟环境中常见的印象型社会要素包括带有特定社会意义的图片、文本、带有人声的音频、带有人物形象的视频等。在上述各类印象型要素中，图片和文本具有便于制作和使用、对通讯速度和带宽的要求较低等特点，因此使用最为广泛。近年来，印象型社会要素对于网络购物的作用引起了研究者的关注，奥（Oh，2008）的研究指出，通过在购物网站的主页上植入反映目标顾客生活方式和价值观的图片将改善顾客对于商店的印象。哈斯内恩（Hassanein，2007）的研究表明，通过在销售服装的网站中植入带有特定社会意义的图片和文本，将提高顾客对网站的感知有用性和信任度，并引发顾客的愉悦情绪。里兹·王（Liz Wang，2007）等人建立了一个更为完善的理论模型，指出购物网站中出现的人物形象将引发顾客的社会感知，并与顾客的情绪（愉悦和唤起）、沉浸感、价值感知（实用型和享乐型）和购买意愿有显著的关系。

交互型社会要素是提升网站互动性的有效手段，同印象型要素相比，具有双向沟通、实时互动的特点，是提高受众社会临场感更为有效的手段。电子邮件、虚拟社区、聊天室、公告板、在线客服等交互手段在各种虚拟商务环境中得到了日益广泛的应用。研究表明，通过网络媒体的双向沟通能够更好地满足顾客的社会交往需求。根据实时性的不同，互动型要素又可以分为同步互动要素（如在线客服）和异步互动要素（如电子邮件）两种类型。同步要素具有实时互动的优点，对于提升社会临场感的效果更为明显

（Wang，2007）。

作为对社会临场感理论的补充，李维斯（Reeves，1996）和纳斯（Nass，2000）等人提出的计算机即社会成员（Computers Are Social Actors，CASA）理论也为诠释虚拟环境中社会要素的重要作用提供了有力的理论依据。计算机即社会成员理论指出，通过在互动界面中植入社会要素，会引发使用者的社交感受从而将计算机视为社会成员。该理论揭示了在用户与计算机之间确实存在社会性的互动，通过将社会要素植入人机界面会使计算机呈现出人性特质，而使用者也会潜移默化地接受计算机提供的社会暗示，并改变对计算机的行为和态度，给予相应的社会性回应。

尽管人们已经对在网页中植入社会要素的作用及其机理有所认识，但其中的一些理论问题仍然值得深入探讨，具体包括：一是哈斯内恩（Hassanein，2007）和科尔（Cyr，2007）等人验证了印象型社会要素对顾客的社会临场感具有显著影响，但对交互型社会要素与社会临场感的关系尚未有人进行实证检验；二是两类要素的作用效果是否存在差异？在将它们组合使用时，在两类要素之间是否存在交互效应？如果存在，其作用是增强还是减弱？上述问题也有待通过实证进行检验；三是顾客的购物需求可以分成实用型、享乐型和象征型三种类型（Park，1986；Woods 等，1960），以往研究仅对社会临场感与享乐型需求变量（如愉悦）之间的关系进行了检验，社会临场感在满足顾客实用型需求（如感知产品质量）和象征型需求（如相似性吸引）方面的作用尚不明确，也是值得探讨的理论问题。本研究将在已有成果的基础上，进一步对这些问题进行理论分析和实证检验。

9.3　理论模型与研究假设

购物网站既是一个技术系统，又是一个商务平台。顾客在网络购物中的心理和行为应从技术和商务两个角度来分别考量。从技术的角度来说，研究者需重点关注哪些因素会影响顾客对购物网站的接受和信任；而站在商务的视角，则应关注如何通过网站设计来更好地满足顾客的购物需求。基于上述分析，为了验证购物网站中的社会要素与顾客的情绪、认知及行为意愿之间的关系，提出了如图9.1所示的理论模型。

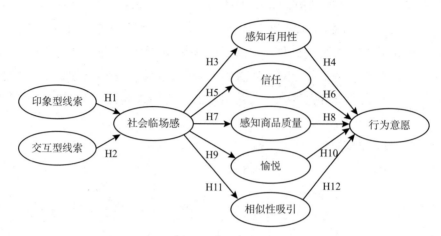

图9.1　本章研究的理论模型

从该模型可以看出：购物网站中的社会要素被分为两种类型，即印象型社会要素和交互型社会要素，在购物网站中植入这两类要素将对顾客的社会临场感产生显著影响；而社会临场感一方面可以提高顾客对于购物网站的感知有用性和信任感（技术的视角）；另一方面，也能够对顾客的感知商品质量（实用型需求）、愉悦（享乐型需求）和相似性吸引（象征型需求）产生正向的影响（商务的视角）；上述变量将进一步对顾客的行为意愿产生积极的作用。下面，将对相关研究成果进行回顾、提出研究假设并为进一步的实证检验提供理论依据。

（1）网站中的社会要素与顾客的社会临场感

近年来，虚拟环境中的社会要素对用户的情绪、认知和行为的影响逐渐受到关注。研究表明，印象型要素丰富了网络媒介的内容、提高了网络媒介的生动性，有助于改善用户的临场感。例如，带有丰富社会含义的图形（Gefen & Straub, 2004; Cyr, Hassanein, Head, 2007）和文本（Gefen & Straub, 2004）、个性化的欢迎语（Kumar & Benbasat, 2002）、带有人声的音频（Lombard & Ditton, 1997），带有人物形象的视频（Kumar & Benbasat,

2002）等社会要素均能使受众产生温馨、亲切的人际交往感受。近年来，这类研究被进一步拓展到电子商务领域，Oh（2008）的研究表明，在购物网站的主页上放置反映目标顾客生活方式和价值观的图片有助于改善顾客的商店印象。Hassnein（2007）和 Cyr（2007）等人通过研究指出，在网站中植入与目标顾客具有相似特征的人物形象和蕴含情感的文字等印象型社会要素有利于改善顾客对网站有用性的感知并提升其信任感和愉悦感。

交互型社会要素是提升网站互动性的有效手段，顾客和商家可以利用这类要素进行实时互动和双向交流。研究表明，售后邮件支持（Gefen & Straub，2004）、虚拟社区（Kumar & Benbasat，2002）、聊天室（Kumar & Benbasat，2002）、公告板（Cyr，Hassanein，Head，2007）、智能代理（Hostler，Yoon，Guimaraes，2005）等交互型要素均能提升顾客在使用网络媒体时的人际互动感受，提高其临场感。Wang 和 Baker（2007）的研究表明，网站中的社会要素越丰富，交互型越强，对顾客的积极影响也越为显著。基于上述研究，提出以下的研究假设：

H1：在购物网站中植入印象型社会要素对顾客的社会临场感有正向的影响；

H2：在购物网站中植入交互型社会要素对顾客的社会临场感有正向的影响。

（2）社会临场感、感知有用性与行为意愿

对于消费者来说，购物网站首先是一个技术系统，人们是否愿意尝试这一新的购物渠道取决于他们对系统的感知。戴维斯（Davis，1989）提出的技术接受模型（TAM）为研究这类问题提供了理论依据。TAM 理论指出，用户对信息技术的态度取决于他们在使用技术的过程中所感知到的有用性和易用型。格芬（2003，2004）等人的研究表明，如果购物网站能给顾客带来温馨、亲切的情绪和社交体验，将有助于提升其对网站有用性的感知，进而对顾客的行为意愿产生正面的影响。进一步的研究表明：与对感知有用性的影响不同，社会临场感对感知易用性的影响并不显著（Hassnein，2007）。这是因为社会临场感的产生是以媒体信息的多样性和丰富性为前提的，但过度丰富的信息内容和过于灵活的沟通方式反而可能给顾客带来更大的信息负载，降低顾客对易用性的感知。基于上述分析，本书只考虑社会临场感对感知有用性的影响并提出如下的假设：

H3：顾客的社会临场感对感知有用性有正向的影响；

H4：感知有用性对顾客的行为意愿有正向的影响。

（3）社会临场感、信任与行为意愿

目前，我国网民中仅有 1/3 的人有过网络购物的经历，除了因为网络购物的习惯尚未建立外，消费者对于网络交易环境的信任感不足也是造成网络购买意愿不高的主要原因。由于买卖双方在时空上的分隔性，网络消费者难以像在实体购物环境中那样感受到情感交流与人际互动，从而降低了其消费的意愿。阿拉贡（Aragon，2003）指出，在网络环境中提供社会临场感，可以帮助个体克服在面对数字媒体时所产生的疏离感，满足他们在参与网络购物时对社会互动的需求。西蒙（Simon，2001）指出，信息丰富、需求导向的站点能够降低顾客对风险的感知、提升他们的信任水平，从而引发顾客更为明确的购买意愿。格芬（2004）的研究表明，随着顾客对服务网站社会临场感的增强，他们对网络零售商的信任感也在提升。哈斯内恩（2007）和科尔（2007）的研究也得到了相似的结论。王全胜（2009）等人的研究表明，网站结构和网站内容以社会临场感为中介变量对消费者的初始信任产生显著的影响。基于上述研究，提出如下假设：

H5：顾客的社会临场感对信任有正向的影响；

H6：信任对顾客的行为意愿有正向的影响。

（4）社会临场感、购物需求与行为意愿

随着时代的发展，人们的消费观念不断升级，消费者的购物动机已经不仅限于满足自身基本的实用型需求（如买到自己所需的商品），还有可能是为了追求感官上的愉悦以满足享乐型的需求，或是用以联系所向往的团体、角色、自我形象以满足其象征型需求（Park，1986；Woods，1960）。而人们在实体消费环境中的这种多层次需求被证实在网络环境下仍然存在（Childers，2001；邵兵家，2009）。本研究中，分别选取感知服务质量、愉悦和相似性吸引作为顾客的实用型、享乐型和象征型需求的典型变量，探索社会临场感对上述三个变量所对应的三类顾客需求所产生影响。

研究表明（Oh，2008），在网络购物环境下，网站中的情感性和社会性要素会使顾客形成良好的商店印象，并形成对商品质量的正面感知，进而对顾客的行为意愿产生积极的影响。愉悦是顾客在其享乐型需求得以满足后最直接的情绪反应，哈斯内恩（2007）等人的研究表明，社会临场感有助于调动顾客的愉悦情绪，进而形成对网络零售商的良好印象。相似性吸引是指顾客对与其自我概念相似或相近的人或事物在心理上的亲近感（Gounaris，2009）。我国台湾学者董方武、邓怡莘（2007）的研究表明，在线学习系统中植入语音和表情符号等社会要素有助于形成系统对儿童们的相似性吸引，进而改善其学习的态度和效果。综上所述，提出如下的研究假设：

H7：顾客的社会临场感对感知商品质量有正向的影响；

H8：顾客的感知商品质量对其行为意愿有正向的影响；

H9：顾客的社会临场感对愉悦情绪有正向的影响；

H10：顾客的愉悦情绪对其行为意愿有正向的影响；

H11：顾客的社会临场感对相似性吸引有正向的影响；

H12：顾客的相似性吸引对其行为意愿有正向的影响。

9.4 实验设计及实施

9.4.1 实验设计与实验刺激的开发

采用实验法对上述的理论模型和研究假设进行检验。利用研究者所在大学购买的"电子商务模拟实验平台"来开展本研究，该平台有一些购物网站模版可供选择，实验者可以根据自己的需要对模版进行编辑，编辑完成后即可进行网站或网页的快速发布。为了开展本研究，建立了名为"My Closet"（我的衣橱）的服装网站，因为已有的研究表明网站的名称或产品的品牌都会对顾客的心理产生影响，因此选择了这个比较普通、而且不是被试母语的网站名以尽量减少其对实验的干扰。实验任务是请被试通过该网站购买情侣装，之所以选择情侣装作为目标商品，是因为男性被试和女性被试均能较为容易地融入购物情景中，而且，统计数据表明服装是最常见的网购商品之一。

本书以印象型社会要素和交互型社会要素作为自变量，采用 2×2 的组间实验设计，分别将印象型社会要素与交互型社会要素的不同状态（有或无）进行组合形成四组实验处理。具体如图 9.2 所示。对于印象型社会要素，通过带有模特的图片和蕴含情感的文字来表现。网页中的服装模特富有朝气、形象健康，与本书所选取的调查对象——大学生的形象相吻合。结合网站所展示的情侣装给出了"这套情侣装秉承了今夏流行的韩版个性风格，

（a）无印象型要素、无交互型要素

（b）有印象型要素、无交互型要素

（c）无印象型要素、有交互型要素

（d）有印象型要素、有交互型要素

图9.2　具有不同社会要素的 2×2 实验刺激

可爱中流露着率真，让你在炎炎夏日秀出自己的独特品位和甜蜜爱情"这样的情感性描述，同时选取了《诗经》中的名句——"死生契阔，与子成说；执子之手，与子偕老"来配合图片的展示，通过上述印象型要素来营造情感化的购物氛围。对于交互型的社会要素，则利用网站模板中所提供即时通信功能来实现。但为了便于开展实验，要求被试只能选择某些预先设定好的问题提问，而在后台利用自动应答功能进行提问的回复。这种处理方式既可以使被试体会到在线客服的功能，同时也减少了对实验支持人员的要求，而且避免了由于应答内容的不同而对顾客产生差异化的影响。

选取沈阳一所高校共 240 名高年级本科生和研究生作为被试，其中，男、女生各为 120 名。选取高年级本科生或研究生作为被试的方法在进行网络购物研究时被普遍采用（Cyr，2007；Hassanein，2007；Oh，2008）。因为他们是目前上网比率相对较高的一个群体，习惯于使用互联网来获取信息或购买商品。而且，在以后的几年中，随着他们参加工作后消费能力的逐渐增强，也必将成为网络购物的主要群体之一，因此是开展这类研究的合适且有代表性的样本。实验采用组间设计，将选定的被试按照随机分组的方式，每 60 人为一组，每组分别浏览具有不同社会要素的购物网站来购买情侣装，并在结束购物后立即填写预先设计好的、用来测量各中间变量、因变量及其他统计信息的调查问卷。下面，对各变量测量指标的选取加以说明。

9.4.2 中间变量和因变量的测量

根据所提出的理论模型，问卷中包括了用来测量社会临场感、感知有用性、信任、感知商品质量、愉悦和相似性吸引等概念的题项。对于社会临场感，根据其定义和以往的研究成果，分别从温馨（warmth）、社交体验（social）、顾及他人情感（sensitive）、亲切等几个角度设计了 4 个题项（Cyr，2007；Gefen，2004；Hassanein，2007）。对于感知有用性，综合了前人的研究成果，从提高效率、提供帮助和总体感知等角度设计了相应的题项（Davis，1989；Hassanein，2007）；在设计信任的题项时，既考虑到信任这个多维概念的内涵较为丰富，同时也兼顾对题项总数的控制。对于信任的每个典型维度，如善意（benevolence）、诚信（integrity）、能力（ability）均选择一个题项进行测量，共选取了三个题项（Gefen，2003；王全胜，2009）。感知商品质量则通过工艺性、耐用性和可靠性3个题项进行测量（Oh，2008）。愉悦是一种重要的积极消费情绪，共从消费情绪文献中选择了四个使用频率较高的愉悦测量指标，包括快乐、有趣、放松和舒畅（Cyr，2007；Hassanein，2007）。相似性吸引量表则参考了纳斯（2000）和高纳雷斯（Gounaris，2009）的研究成果，包括社会吸引、智能吸引和总体感觉共三个题项。以上各部分量表均采用7点制的Likert量表，从非常不同意（1）到非常同意（7），并均注意结合网络购物的特点对题项进行了情景化的处理。具体的题项设计参见表9.2。

问卷的最后一部分是与被试有关的个人信息及其对网络购物的熟悉和使用情况，如性别、年龄、对网络的熟悉程度、网络购物的经验和频率等。由于已有的研究表明性别、网络的熟悉程度、网络购物的经验等变量均有可能对网站氛围与顾客情绪、认知和行为意愿间的关系产生影响，因此，在本书中将上述变量作为控制变量，以便更好的识别网站中的社会要素与后续变量之间的真实关系。

9.5　数据分析与假设检验

9.5.1　测量模型的检验

采用两阶段方法对模型进行验证，首先，通过验证性因子分析（CFA）对测量模型进行了检验。问卷的信度利用Cronbach's α系数和组合信度（CR值）两个指标进行评估。由表9.1可以看出：7个构念的α值在0.812～0.919，均超过了0.7的标准，表明量表具有较好的内部一致性；同时，组合信度的取值在0.852～0.941，也达到了相应的要求。因此，采用设计的量表可以对潜变量进行可靠的测量。

表9.1　　　　　　　　　　**测量模型的验证性因子分析**

潜变量	题项	标准化的因子载荷	Cronbach's α 系数	组合信度 CR	AVE 值
社会临场感	这家网店给人亲切感	0.823	0.908	0.875	0.637
	这家网店顾及了顾客的个人情感	0.790			
	这家网店让人感到温馨	0.810			
	这家网店能让人体会到社会交往的感觉	0.768			
感知有用性	在该网店购物可以提高购物的效率	0.861	0.878	0.900	0.745
	该网店提供的一些功能很有用	0.868			
	该网店的设计对我顺利完成购物有帮助	0.860			
信任	我相信该网店向我提供的信息	0.827	0.867	0.875	0.700
	我相信该网店对顾客是善意的	0.824			
	我相信该网店知道如何为顾客提供优质的产品	0.858			
感知商品质量	该网店销售的服装做工精良	0.907	0.919	0.941	0.842
	该网店销售的服装质量可靠	0.919			
	该网店销售的服装经久耐用	0.926			
愉悦	在该网店购物是有趣的	0.848	0.899	0.907	0.710
	在该网店购物是快乐的	0.835			
	在该网店购物我感到放松	0.847			
	在该网店购物我心情舒畅	0.841			
相似性吸引	这个网店的氛围适合我	0.879	0.894	0.908	0.766
	这个网店的设计吸引着我	0.882			
	这个网店适合我这样的购物者	0.865			
行为意愿	我愿意在该网店购物	0.851	0.812	0.852	0.658
	我愿意向亲人和朋友推荐这家网店	0.797			
	我愿意在该网店多浏览一会儿	0.783			

　　分析结果还显示，所有题项在各自对应的潜变量上都具有较高的标准化因子载荷（取值在 0.768～0.926），且均在 0.01 的水平上显著，满足了收敛效度的要求。另外，所有潜变量的平均方差提取量（AVE 值）都超过了 0.5 的最低要求，表明测量指标可以解释潜变量的大部分方差。而且，通过表 9.2 可以看出，每个潜变量 AVE 值的平方根都要大于变量间的相关系数，区别效度通过检验。综合以上的分析结果可以看出，所设计的测量工具具有较好的信度和效度。

表 9.2 区别效度的分析结果

潜变量	A	B	C	D	E	F	G
社会临场感 A	0.798						
感知有用性 B	0.401	0.863					
信任 C	0.511	0.238	0.838				
感知商品质量 D	0.153	0.019	0.061	0.917			
愉悦 E	0.490	0.195	0.296	0.059	0.843		
相似性吸引 F	0.360	0.271	0.238	0.092	0.246	0.875	
行为意愿 G	0.293	0.261	0.323	0.264	0.269	0.307	0.811

9.5.2 结构模型的检验

首先，采用方差分析对两类社会要素与被试的社会临场感之间的关系进行检验。由方差分析结果可以看出，印象型和交互型的社会要素对社会临场感的主效应均显著，与没有社会要素的购物网站相比，植入了印象型和交互型社会要素的站点均使顾客的社会临场感显著提高（$M_{无印象,无交互} = 2.871$，$M_{有印象,无交互} = 3.579$，$M_{无印象,有交互} = 3.763$），H1（$F = 126.365$，$p < 0.001$）和 H2（$F = 216.196$，$p < 0.001$）均得到数据的支持。与印象型的社会要素相比，交互型社会要素对于提升顾客社会临场感的效果更为明显（$F = 9.623$，$p = 0.002$）。此外，两类要素的交互效应显著，由图 9.3 可以看出，同时使用两类要素（$M_{有印象,有交互} = 5.192$）对提升顾客的社会临场感的效果要明显优于两类要素各自效果的简单叠加（$F = 67.570$，$p < 0.001$）。

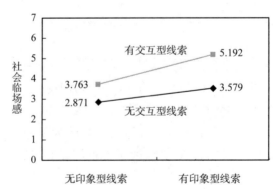

图 9.3 两类社会要素的交互效应

进一步通过方差分析对两类社会要素与行为意愿的关系进行了检验。由分析结果可以看出，印象型社会要素与行为意愿的关系在 0.05 的水平上显著（F = 5.883，p = 0.016），交互型社会要素与行为意愿的关系在 0.001 的水平上显著（F = 20.671，p < 0.001），表明两类社会要素对顾客的行为意愿均有显著影响。

在验证了社会要素与社会临场感及行为意愿的关系后，进一步采用结构方程模型（SEM）对社会临场感与后续变量之间的关系进行检验。利用 A-MOS 对数据进行分析，分析结果见表 9.3。

表 9.3　　　　　　　　　　　结构模型的检验结果

假设路径	标准化路径系数	t 值	结论
H3：社会临场感→感知有用性	0.401 **	6.750	支持
H5：社会临场感→信任	0.511 **	9.164	支持
H7：社会临场感→感知商品质量	0.153 *	2.395	支持
H9：社会临场感→愉悦	0.490 **	8.664	支持
H11：社会临场感→相似性吸引	0.360 **	5.957	支持
H4：感知有用性→行为意愿	0.148 *	2.457	支持
H6：信任→行为意愿	0.197 *	3.218	支持
H8：感知商品质量→行为意愿	0.232 **	4.067	支持
H10：愉悦→行为意愿	0.127 *	2.089	支持
H12：相似性吸引→行为意愿	0.168 **	2.753	支持

注：* 表示 p < 0.05，** 表示 p < 0.01，*** 表示 p < 0.001

表 9.3 给出了标准化的路径系数以及每条路径的 t 值。从分析结果可以看出，社会临场感到感知有用性、信任、感知商品质量、愉悦和相似性吸引等变量的路径系数均显著。但值得注意的是，社会临场感对情绪或情感型的变量，如信任（β = 0.511，t = 9.164）、愉悦（β = 0.490，t = 8.664）和相似性吸引（β = 0.360，t = 5.957）的影响要显著高于它对实用或功能型变量，如感知商品质量（β = 0.153，t = 2.395）的影响。由此可以推测，在那些以情绪或情感体验为主要需求的享乐型网络消费中，在网站中植入社会要素的作用可能会更为明显。

感知有用性、信任、愉悦、相似性吸引和感知商品质量对顾客的行为意愿均有显著影响。在本研究的具体情境下，感知商品质量（$\beta = 0.232$，$t = 4.067$）对行为意愿的影响最强，而愉悦（$\beta = 0.127$，$t = 2.089$）和相似性吸引（$\beta = 0.168$，$t = 2.753$）的影响则相对较弱，这说明在购买便装这类实用型商品时，功能型的认知变量对顾客的行为意愿有较强的影响，而情绪型和象征型变量的影响则相对较弱。但对于享乐型的商品，上述变量的作用可能会有很大的变化，情绪型和象征型的变量可能会对顾客的行为意愿产生更为显著的影响，这有必要通过后续的研究来做进一步的检验和分析。同时，信任对行为意愿也具有显著的影响（$\beta = 0.197$，$t = 3.218$），这也证实了在电子商务环境下，信任是预测顾客行为意愿最为有效的指标之一。

模型的整体拟合指标如下：$\chi^2/df = 1.126$，$GFI = 0.986$，$AGFI = 0.963$，$CFI = 0.995$，$NFI = 0.959$，$RMSEA = 0.032$，主要拟合指标均显示模型具有良好的拟合度。

9.5.3　中介效应的检验

由前述的理论模型可以看出，两类社会要素以社会临场感为中介变量对顾客的消费体验和行为意愿产生影响。下面，基于实验数据对中介效应进行检验。

在预测变量和结果变量间存在中介效应需满足以下四个条件：一是预测变量显著影响结果变量；二是预测变量显著影响假定的中介变量；三是假定的中介变量显著影响结果变量；四是当在预测变量和结果变量间加入假定的中介变量后，预测变量和结果变量间的关系强度显著降低（部分中介）或消失（完全中介）。

按照上述检验程序对社会临场感的中介效应进行检验。例如，以印象型社会要素为自变量，社会临场感为中介变量，感知有用性为因变量进行检验的程序如下：

（1）通过方差分析验证了印象型社会要素对感知有用性的作用显著（$F = 16.706$，$p < 0.001$）

（2）通过方差分析验证了印象型社会要素对社会临场感的影响显著（F = 126.365，p < 0.001）

（3）通过相关分析验证了社会临场感与感知有用性的相关关系显著（r = 0.401，p < 0.001）

（4）以印象型社会要素为自变量、社会临场感为协变量、感知有用性为因变量进行协方差分析，分析结果表明，社会临场感与感知有用性的关系仍然显著（F = 27.048，p < 0.001），而印象型社会要素与感知有用性的关系则不再显著（F = 0.174，p = 0.677）。上述研究结果表明，社会临场感的完全中介效应显著，它在印象型社会要素和感知有用性之间起中介作用。

按照同样的程序，分别以印象型社会要素和交互型社会要素为自变量，社会临场感为中介变量，感知有用性、信任、感知商品质量、愉悦、相似性吸引为因变量，对每种组合逐个进行中介效应的检验，检验结果表明在 10 种组合中（2 × 1 × 5）社会临场感的中介效应均显著。这说明两类社会要素均是通过唤起顾客的社会临场感来进一步影响其情绪、认知和行为意愿的。

9.6　本章研究的理论贡献与实践启示

9.6.1　研究的理论和实践意义

随着经济的快速发展，人们的消费价值观正由理性消费向感性消费转变。网络零售商面临的一个重要问题是如何优化购物网站的设计，在满足顾客功能型需求的同时，更好地满足其情感和社会需求。本章的研究为达成上述目标提供了一个新的视角，其理论贡献和实践启示主要表现在以下几个方面。

◎ 网络购物与传统实体购物的最大区别在于缺乏顾客与销售人员及其他顾客的人际互动，这使人们的情感和社会需求难以通过购物过程得到充分满足。虽然某些社会性、情感性的设计要素已经在购物网站中被广泛使用，但它们的作用效果尚缺乏明确的证据，作用机理还有待深入的分析。本研究表明，印象型和交互型社会要素有助于提高购物网站的生动性和交互性，使顾客在虚拟购物环境中获得类似于实体环境中的人际互动感受（社会临场感），进而对满足顾客的功能性和社会性消费需求产生正向影响，并引发其积极的行为意愿。通过研究确认了社会需求导向的设计理念有助于延长顾客的浏览时间、增强其消费意愿并帮助企业传播正面口碑。网络零售商可以通过合理运用各类社会要素来更好地满足顾客的社会心理需求。

目前，一些网络零售商已经开始了这方面的探索和实践，如瑞典的著名家居企业宜家（IKEA），已经在其中文购物网站（www.ikea.com.cn）中植入了多种社会要素，如在家居图片中嵌入漂亮的人物形象，在主页中设置虚拟购物助手"安娜"等，来方便顾客的购物过程，改善其购物体验。

◎ 我国的电子商务还处于起步阶段，对于大部分消费者来说，网络购物是一种全新的购物方式。一方面，由于无法与销售人员进行面对面的沟通，消费者对网络购物充满了担心和犹豫，难以建立起对这种交易模式的信任；另一方面，缺乏计算机和网络使用经验的顾客在面对自己不熟悉的浏览和交易界面时，也可能会表现出对购物网站的回避和排斥。本章的研究表明，合理地运用社会要素可以提高顾客的社会临场感，帮助他们消除对信息系统的陌生感，增强对网络零售商的信任感，进而提高其使用购物网站的意愿。对于网络零售商来说，应根据消费者在使用经验、消费类型等方面的差异来合理地选择社会要素的类型和数量，探索功能要素和情感要素的最佳组合。

◎ 两种社会要素均可显著地改善顾客在浏览过程中的社交感受，但其作用效果有所不同。与印象型要素相比，交互型要素具有双向沟通、实时互动、用户可控等特点，对提高顾客的社会临场感具有更为明显的效果。而且，两类要素之间的交互效应显著，对它们的组合运用将获得更好的互动效果。从实践的角度来说，在设计和使用上述两类要素时要考虑目标顾客的认知能力和认知需求，注意与顾客的使用习惯、审美标准、生活方式和价值取向相吻合；在提供和改善各种交互工具的同时，还应加强对相关人员的管理和培训，改善他们的服务技能、提升交互过程的标准化水平。只有这样，才能确保良好的交互质量，使社会要素的效用达到最大化。

9.6.2 研究的局限性及未来的研究机会

◎ 研究设计和实验条件等方面的原因使得本研究仍然存在一定的局限性，主要包括以下两点。首先是研究结果的普适性问题，本书以学生作为被试对象并且是在购买情侣装这一特定的消费情景下进行的数据收集和结果分析，因此，研究结论是否适用于其他消费对象、产品类型和消费情景仍然值得继续探讨；其次，由于本书采用了受控的实验设计，以尽量避免一些外生变量可能对研究造成的影响。尽管在实验过程中采取了一些措施来增强被试的真实感，但实验的外部效度仍需通过真实的网络购物环境来进一步加以检验。

◎ 以本章的研究为基础，有以下问题值得深入思考或开展后续研究。首先，本书以带有特定社会意义的图片和文字作为印象型社会要素的代表，实际上，其他可以被赋予社会意义的设计要素，如特定的标志或象征符号，特定内容的音频和动画等，也应该能起到类似的作用。对于交互型社会要素，除本研究所采用的购物助手外，网络社区、售后支持邮件、公告板等交互型网站要素也应有助于改善顾客的社会临场感和购物体验。总之，上述社会要素的作用效果有必要在后续的研究中进行检验。

此外，社会要素在不同消费情景下的作用可能也会有所不同。对于功能型的产品，如电子产品、书籍等，人们可能更加关注产品自身的信息，这时，社会要素的作用相对有限。甚至可能会因为添加了社会要素而导致页面信息量增加，影响顾客获取信息的效率。而对于享乐型产品，人们通常更加关注与产品有关的社会和情感因素，这时在网页中植入社会要素将有助于更好地满足顾客的社会和心理需求。因此，在进行网站设计时，需要对社会要素的"情景"特性有清楚的认识，根据产品的类型、顾客的使用经验、顾客在购买时的卷入程度等（从管理研究的角度来说，上述因素都是社会要素与顾客体验之间关系的调节变量）来合理地选择社会要素的数量和类型，从而实现网站在功能要素和情感要素两个方面的最优配置，给顾客带来最佳的网络购物体验。

9.7 结 束 语

网络购物扩展了零售渠道，丰富了商务模式，但由于缺少面对面的人际沟通和互动而影响了消费者的购物体验。由于购物既是一种功能型的活动，也是一种情感和社会活动，因此，通过在购物网站中植入社会要素，可以丰富购物网站的社会性，使顾客感受到更为温馨、亲切和友善的购物体验，进而产生积极的行为意愿。本章采用实验研究的方法，探讨了印象型社会要素和交互型社会要素对顾客的认知、情绪和行为意愿的影响，为购物网站的管理者和设计者提供了一个新的管理视角。

本研究的结果表明，对于网络购物的消费者来说，电子商务网站不仅是一个功能化的平台，也是社会化和情感化的平台（Lin et al.，2009）。而网站的管理者只有在关注顾客的生理和实用需求的基础上、进一步关注顾客的情感和社会需求，通过在网站中植入恰当的社会要素，力求实现网站在功能要素和情感要素两方面的最优配置，才能给消费者带来更为难忘的网络购物体验，也才有可能使电子商务网站成为消费者与网络零售商之间的情感和关系纽带，并构建起更为独特和持久的竞争优势。

▶▶▶▶▶▶▶▶▶

本章实例：购物网站中的创新体验

说到购物网站，浮现在我们脑海中的大概是海量的商品信息、雷同的网站设计、直白的产品描述等。现在，推翻你对购物网站的刻板印象吧，购物网站不是仅能用一种方式来设计，充满创意的设计，一定能够在审美、情感、文化、精神等方面更好地满足顾客的需求。

（1）趣味性

对购物网站来说，有趣的设计能使用户将网络购物变成一种享受。具体的方法包括：

①有趣的商品陈列方式。Dripping in Fat 是一家在线定制个性化图案 T

恤的网站，它的网页中展现了一件件 T 恤晾在铁线上面，而且衣服上的染料还在不断往下滴，生动地展示了 DIY 这一特点。让人更有冲动上去画几笔，动手制作属于自己的个性化 T 恤。

②有趣的商品特征或者功能描述。Crocs 是一款风靡全球的时尚休闲鞋，具有轻盈、抗菌、舒适等特点。该产品的网站采用拟人化的手法，使 Crocs 鞋变身成一个可爱的小精灵，让人感觉只要穿上它，就可以随时保护你的脚，设计手法充满了趣味性。

（2）场景化

人们对生活中熟悉的一些场景、关系和逻辑往往更容易理解与接收。置身熟悉的环境，顾客会感到更放松。在愉悦的心情下，轻松找到自己想要的商品然后下单，还有比这更好地体验吗？

①提供用户更熟悉的操作方式。电脑虽然是一台冰冷的机器，但是只要我们提供的操作方式是用户所熟悉的，就能拉近与用户的距离。Zoomii 为我们提供了一个类似书店的购书体验，可根据分类找到自己喜欢的书架，再根据书名找到自己想要的书。让用户仿佛置身于自己所熟悉的书店，而不是单调的商品列表或者搜索框。

②让用户置身熟悉的环境中。现实生活中每个人都有过逛商场的经历，41Go 将这一行为复制到网络上，只要鼠标轻轻一点，即可带着虚拟人物逛遍所有你喜欢的品牌专柜，甚至还可以试穿你喜欢的衣服。虽然这种 Avatar 3D 技术还不是太成熟，体验也不是非常令人满意，但是随着技术的进步，这些都是可以得到改善的。熟悉的环境更容易让用户产生信任感，而 3D 技术的应用更可给用户带来不一样的线上体验。

（3）互动性

人总是充满好奇的，一个具有较强互动性的网站，更能引起顾客的探索欲。而当用户完成了认知的过程，往往更容易产生冲动性的购买欲，因为他曾经花时间去学习过这个东西，并在这个过程中体验了乐趣。

①用多媒体刺激用户的感官。多媒体技术已经日益成熟，并被成功应用在互联网的各个领域。与传统的图文信息相比，它更能给顾客带来全方位的感官体验。无印良品一直倡导环保、以人为本的设计理念。其网站和产品一

样也是极简的设计，通过对视频、声音等多媒体技术恰到好处的应用，全方位地展示了产品的自然、简约、质朴的特点，让用户非常直观的感知到该企业所提倡的自然、环保的生活哲学。

②让用户参与进来。这是一个爱秀、爱表达的年代，网民有着很强的自主性。因此，把空间留给用户，让他们发挥，不但可以达到宣传品牌的商业目的，还能让用户获得极大的满足感。

③与用户产生情感共鸣。在设计中，场景化的应用往往能引起用户在情感上的共鸣，因为它能引起用户对于某一事情的向往或者回忆。有些网站将素描风格与真实素材很好地结合起来，辅以有趣的操作，让人感觉他们的商品也变得可爱起来。

随着技术与硬件条件的不断改善及网络带宽的不断增加，购物网站的设计必定会越来越多元化，顾客的网络购物体验也将得到极大地提升。可以看到，上面这些网站有许多共同之处，例如使用高解析度的精美图片、拍摄精美的商品、Flash 技术和视频的大量使用等，这些新潮的网站可以为我们的设计提供很好的参考，从而使顾客在网络购物的过程中不断得到新奇的体验。

（资料来源：http：//www.uml.org.cn/jmshj/201105065.asp）

第 *10* 章

基于感性工学的服务
场景设计方法

10.1 感性设计理念与感性工学

10.1.1 感性设计理念的起源和发展

随着社会的飞速发展，人们的消费观念和消费方式发生了显著的变化，消费者逐渐改变了过于关注产品或服务的功能利益和财务利益的理性消费理念，开始重视商品所带来的情感价值、心理价值和社会价值，现代社会进入了更加重视个性满足、精神愉悦和心灵慰藉的感性消费时代。为了更好地满足消费者的感性需求，企业在进行产品或服务的设计时开始更多地融入感性设计的理念。感性设计是一种关注消费者情感和心理需求的设计方法，经过设计领域专家和学者的多年潜心研究与实践，已经形成了人性化设计、情感化设计等多种重要的感性设计理念和方法。

人性化设计是 20 世纪 80 年代初期出现的一种设计理念，其核心就是"以人为本"，即产品是为人服务的，产品设计必须把人放在第一位。人性化设计理念认为，设计师在设计产品时，不仅设计了产品本身，而且设计或规划了人与产品之间的关系，设计了使用者的情感表现、审美感受和心理反应，也即设计了人们的生活方式。因此，产品不应该是冷漠和令人生畏的，而应该是亲切的、易操作的、对人性充满关爱的。人性化设计的目的是让产品适应人，使产品不但符合消费者的生理特性，同时也尽量满足其心理需求，使人的生活更加方便舒适，使用产品的过程更加愉悦。人性化设计的原则主要是使产品在造型、色彩、功能、材质等各方面带给使用者生理上的满足感和心理上的愉悦感。

"情感化设计"是在美国发展起来的一种感性设计理念。这一理念的核心观点是："产品的真正价值在于满足用户的情感需要，其目的就是通过各种形状、色彩、机理等造型要素将情感融入作品设计中，在消费者使用产品的过程中激发人们的联想，产生共鸣，获得精神上的愉悦和情感上的满足"。享誉全球的认知心理学家唐纳德·诺曼在其著作《情感化设计》中指出：关注使用者的情感是产品获得认同的关键要素，设计人员应深刻分析如何将情感要素融入产品设计中，并通过这种融入来达到实用性与艺术性的完美统一。

"感性"是一个具有丰富内涵的词汇，其原意是指主体在受到外界刺激后产生的感觉、知觉和情绪。设计领域的学者们曾从不同角度对感性进行定义，感性工学的创始人——日本学者长町三生（Nagamachi，2002）将感性定义为"人与物的关联性"，即个体在受到外物刺激后产生的生理和心理反应。瑞典学者舒特（Schutte，2004）认为，感性是人们通过各种感官（包括视、听、触、味、嗅等）对某种人工制品、环境或情景所产生的主观感受。从上面的定义可以看出：在设计领域，"感性"是指产品或服务给消费者带来的心理感受与知觉印象。与传统的实用主义设计理念相比，感性设计理念在关注产品质量和功能的同时，更加强调产品的情感价值和心理价值，成为感性消费时代的主流设计理念。

10.1.2　感性工学的概念与方法

（1）感性工学的起源和发展

随着产品和服务的核心技术日趋开放化和同质化，技术优势对于赢得市场竞争的重要性正在逐渐减弱，企业必须寻找新的途径来为顾客提供独特的价值。为了与感性消费时代的需求特点相适应，不断提升产品的情感价值和心理价值成为设计界追求的目标和方向，而感性工学理论正是在这一背景下形成和发展的。

感性工学的研究起源于 20 世纪 70 年代，日本广岛大学的长町三生（Nagamachi，2002）教授最早提出了"感性工学"的概念，并奠定了感性工学的理论基础。长町三生指出："感性工学是将人们的想象及感性等心愿，翻译成物理性的产品设计要素，并进行开发设计的技术"。它旨在探索人们对产品的情感反应，并将这种情感反应转译为产品设计要素，为企业提供了一种在产品质量和产品功能都相当的情况下提升竞争优势的设计方法。

三十多年来，感性工学的研究逐渐从日本渗透到欧洲各国、美国、韩国以及我国的台湾地区，经过学术界和企业界的共同努力，已经逐渐形成了一套完整、系统的理论和方法，并在汽车、电子、机械、服装、日用品、建筑设计和环境设计等许多领域得到了广泛的应用。

（2）感性工学的基本原理

实施感性工学的基本原则是：产品的设计人员通过调查法、观察法或生理测量法，掌握消费者对产品的感性需求，并通过各种工学方法分析感性需求与产品设计要素之间的关联、探索最佳的设计要素组合。感性工学可以有效地将各种产品特性与消费者的情感和心理需求联系起来，并通过在产品设计过程中包含这些要素最终创造出符合消费者心理和情感需求的产品。其技术原理如图 10.1 所示。

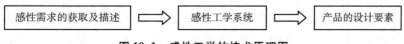

图 10.1　感性工学的技术原理图

由上图可以看出，感性工学的研究流程可以概括为以下四个步骤：

一是通过调研、实验、分析等方法获得消费者对产品的感性需求；

二是采用调查或实验法确定产品的设计要素；

三是综合利用数学、统计学和信息科学的相关理论和方法，分析感性需求和产品设计要素之间的对应关系，并相应地构建感性工学系统；

四是根据消费者需求的变化及时对感性工学系统进行调整。

10.2 基于感性工学的服务场景设计方法

10.2.1 感性工学与服务场景设计

进入 21 世纪以来，全球经济由工业经济向服务经济转型的趋势进一步加快。对于服务企业而言，服务传递过程中的场所和环境因素，即服务场景是服务产品的重要组成部分。由于服务具有生产和消费的同时性，消费者通常是在服务场景中进行服务消费和体验的，各类环境因素会对顾客的生理、情绪和认知产生影响。随着经济的快速发展，我国居民，特别是城市居民的服务消费习惯不断变化，享乐型服务消费（如休闲餐厅、健身俱乐部、高保真影院等）取代功能型服务消费成为消费热点。在享乐型服务消费中，顾客更加注重情感上的体验和感受。因此，如何在服务场景的设计过程中更好地体现顾客的感性需求成为研究热点。

感性工学作为一种探索人们对产品的情感反应并将这种情感反应转译为产品设计要素的理论和方法，在汽车、家电等有形产品的设计领域得到了广泛的应用。但是，感性工学在服务领域的应用尚未深入展开。瑞典林克平大学的阿亚斯（Ayas，2008）指出，如何应用感性工学的理论和方法进行服务产品、服务环境和服务流程的设计，是特别值得关注的理论问题。实际上，消费者对服务场景的感性需求普遍存在，例如，人们通常希望服务场所是"温馨的"（感性词汇），而这一感性需求可以通过柔和的灯光、舒缓的音乐、适宜的温度、高素质的服务人员等场景设计要素来满足。因此，利用感性工学提供的系统化设计方法实现对服务场景的感性设计，对于提升服务场景的情感价值、改善顾客在服务场所中的体验和感受具有重要的理论和实践意义。

10.2.2　基于感性工学的服务场景设计方法

根据感性工学的相关理论和方法，提出了基于感性工学的服务场景设计模型，如图 10.2 所示。

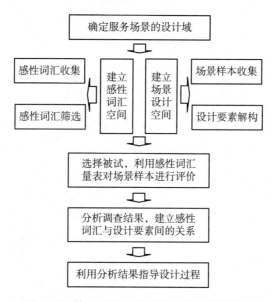

图 10.2　基于感性工学的服务场景设计模型

该模型将服务场景的感性设计过程分成以下六个步骤：

步骤 1：确定服务场景的设计域及目标消费人群。该服务场景可能是银行、商场、餐厅或上述服务场所中的某个具体区域，如银行中的等候区。

步骤 2：建立与该服务场景对应的感性词汇空间。该词汇空间应能准确、全面地描述消费者对目标场景的感性诉求。以休闲服务业中的典型业态休闲餐厅为例，人们通常希望在这类服务场所中获得温馨、舒适、整洁、快乐、友好、美感等感性需求的满足。

可以通过查阅相关书籍、杂志、网站、设计文档或消费者访谈等方式尽可能地收集与设计域内的目标场景相对应的感性形容词；然后通过语意分析、统计分析等方法概括和筛选出若干（通常是10~20个）最具代表性的感性词汇。

步骤3：建立服务场景的设计要素空间。首先，通过各种途径尽可能地寻找设计域内的服务场景样本，并进一步对这些场景样本的设计要素进行分析，确定主要的场景特征和设计要素。一般来说，服务场景由氛围因素（温度、音乐、气味、颜色）、设计因素（空间布局、功能、标志、象征物、人工制品）和人员因素（服务人员、其他顾客）等设计要素构成。

根据场景样本的相似程度对样本进行筛选，并按照场景特征及设计要素对样本进行分类，最后选择最能体现各种场景设计要素的代表性样本。根据需要，最终样本数可以在十几至几十个之间。

步骤4：建立关于感性词汇的5级或7级语义差异量表，并以这些语义差异量表为测量工具，邀请从目标消费人群中选择的被试者对代表性场景样本进行评价。

步骤5：采用数量化理论、正交试验、对应分析或其他统计方法对获得的评价数据进行分析。在分析过程中，分别以各个感性词汇作为因变量，目标场景中的各种设计要素作为自变量构建数学模型。通过对模型的求解，可以确定感性词汇与设计要素之间的关系。

步骤6：对分析结果的合理性做进一步的检验，并利用分析结果指导设计过程。

10.3 基于感性工学的服务场景设计实例——等候场景设计

10.3.1 基于感性工学的等候场景设计过程

为说明上述方法的合理性和有效性，将以服务传递过程中对顾客体验有重要影响的等候情景为例，对所提出的设计方法进行说明。

（1）选择等候场景作为目标设计域

等候是人们日常生活中无法回避的问题。随着工作和生活节奏的加快，人们更加珍惜有限的闲暇时间，将等候视为对时间的浪费。大量的研究表明，顾客对于等候的负面感知将降低其服务评价和重购意愿，从而对服务企业的形象和盈利造成不良影响。因此，如何使顾客在等候服务的过程中有相对愉快的体验和感受被认为是服务管理中的重要问题。无论从理论或实践的角度，都有必要对等候场景进行深入的研究，据此来衡量企业的等候管理水平与顾客满意程度，进而改善等候管理，增加服务企业的市场竞争力。

（2）建立与等候场景相对应的感性词汇空间

通过对大量等候管理文献的分析，结合面向消费者的焦点小组访谈，共收集120多个与等候感知有关的感性形容词。对这些词汇进行语义分析后，将具有相似含义的词汇进行整合，共筛选出28个词汇。进一步通过问卷调查以及通过对调查结果进行因子分析，总结出5个最具代表性的、与等候过程密切相关的感性词汇，分别是顺畅的、舒适的、公平的、沟通的和关怀的。这五个词汇的具体管理含义如表10.1所示。

表 10.1　　　　　　　　　**与等候场景有关的感性词汇**

感性词汇	感性词汇的具体管理含义
顺畅的	通过高效的服务来减少顾客的等候时间，保证等候队列（有形或无形）的顺畅。
舒适的	提供舒适的等候设施和等候环境。
公平的	保证按照顾客到达的顺序提供服务，平等地对待等候的顾客。
沟通的	及时向顾客通报等候的原因、预计的等候时长以及是否能确定提供服务等信息。
关怀的	考虑顾客在等候过程中的焦虑和困难，为顾客提供关心和帮助。

（3）建立等候场景的设计要素空间

在建立等候场景感性词汇空间的同时，也通过各种途径收集典型的等候场景样本并对样本中体现的等候场景设计要素进行分析。共总结出三类场景设计要素，分别是：①隐性要素。指不可见的，但会对个体的等候感知产生潜移默化影响的环境要素，如温度、光线、背景音乐等；②设计要素。指等候场景中可见或有形的元素，如颜色、设施及空间布局等；③社会要素。指等候场景中的相关人员，包括服务人员和其他顾客。

（4）典型等候场景样本选择及消费者的感性评价

按照场景特征及设计要素对场景样本进行分类，选择最能体现各种场景设计要素的代表性样本。最终选定了 24 个典型的等候场景样本。

根据前面确定的等候场景感性词汇空间和体现设计要素的场景特征空间，在各等候场景样本现场随机选择正在等候的消费者进行调研，请他们根据自己在等候过程中的感受，利用语意差异量表对感性词汇空间中的各感性词汇进行打分。调研人员同时对各个等候场景样本的设计要素进行记录。

与一般感性工学项目通常采用图片作为样本载体不同，本研究采用了在等候场所现场调查的方式来收集数据。这是因为等候过程中的许多设计要素，如温度、光线、背景音乐、服务人员的态度等，只有在现场才能真实地感受到。

（5）确定感性词汇与设计要素之间的关系

以场景样本中的设计要素作为自变量、消费者对各感性词汇的评价作为因变量建立数学模型，以便确定设计要素与感性语汇之间的内在联系。在本项研究中，选择数量化理论 I 对调查结果进行处理，具体的处理过程见下一小节。

通过对调查数据的分析，即可建立起等候场景中的感性词汇与场景设计要素之间的关系，这将有助于设计人员在进行等候区和等候流程设计时，更好地运用各类设计要素，使消费者在等候过程中有更好的体验和感受。

10.3.2　感性词汇与场景设计要素之间关系的分析

在运用感性工学进行产品、环境或场景设计时，需要通过对调查数据的分析来确定感性词汇与设计要素之间的关系。常用的分析方法有数量化理论、正交试验、对应分析等。其中，数量化理论最为成熟，应用的也最为广泛。根据分析问题类型的不同，数量化理论分为 I、II、III 和 IV 四种类型。其中，数量化理论 I 适用于自变量为类别变量，因变量是连续变量的情况。

在与等候过程有关的设计要素中，有些要素（如温度）是连续型的，但为了简化分析过程，可以对其进行了离散化的处理。下面，对采用数量化理论 I 进行调查结果分析的过程加以介绍。

（1）建立数学模型

根据数量化理论的规定，通常将各个设计要素称为项目，而将各个设计要素的具体取值称为类目。例如，等候场景中的背景音乐节奏是一个项目，经过离散化处理后它有三个取值——慢、中、快，这就是它的三个类目。

设 n 个选定的等候场景样本中，第 1 个项目 x_1 有 r_1 个类目 c_{11}，c_{12}，$\cdots$，c_{1r_1}，第 2 个项目 x_2 有 r_2 个类目 c_{21}，c_{22}，$\cdots$，c_{2r_2}，第 m 个项目 x_m 有 r_m 个类目 c_{m1}，c_{m2}，$\cdots$，c_{mr_m}，则在整个等候场景的设计要素空间，共有 $\sum\limits_{j=1}^{m} r_j = p$ 个类目。

$\delta_i(j, k)$（$i = 1$，2，$\cdots$，n；$j = 1$，2，$\cdots$，m；$k = 1$，2，$\cdots$，r_j）称为第 j 个项目（即设计要素）的第 k 个类目在第 i 个场景样本中的反应，取值规则如下。

$$\delta_i(j, k) = \begin{cases} 1 & \text{当第 } i \text{ 个样本中 } j \text{ 项目的取值为 } k \text{ 类目时} \\ 0 & \text{其他} \end{cases}$$

由所有 $\delta_i(j, k)$ 构成的 $n \times p$ 的矩阵被称为反应矩阵，记为

$$X = \begin{pmatrix} \delta_1(1, 1) & \cdots & \delta_1(1, r_1) & \cdots & \delta_1(m, 1) & \cdots & \delta_1(m, r_m) \\ \delta_2(1, 1) & \cdots & \delta_2(1, r_1) & \cdots & \delta_2(m, 1) & \cdots & \delta_2(m, r_m) \\ \vdots & \vdots & \vdots & \vdots & \vdots & \vdots & \vdots \\ \delta_n(1, 1) & \cdots & \delta_n(1, r_1) & \cdots & \delta_n(m, 1) & \cdots & \delta_n(m, r_m) \end{pmatrix}$$

每个感性词汇的评价值与各场景设计要素之间的关系都可以用下面的模型表示：

$$y_i = \sum_{j=1}^{m} \sum_{k=1}^{r_j} \delta_i(j, k) b_{jk} + \varepsilon_i \qquad (i = 1, 2, \cdots, n) \qquad (10.1)$$

上式中 b_{jk} 为仅依赖于 j 项目 k 类目的待估计系数，也称为 j 项目 k 类目的得分；ε_i 是第 i 次抽样的随机误差。

在本研究中，模型的相关数据如表 10.2 所示。其中，每个场景样本在某个感性词汇上的得分是从该样本取得的关于该感性词汇所有评价值的平均

值。由于等候场景的设计要素较多，限于篇幅，表 10.2 仅给出了部分场景设计要素的示例数据。

表 10.2　　　　　　　　　　　　等候场景设计的示例数据

样本序号	感性词汇（因变量）					部分等候场景设计要素（自变量）											
	顺畅的	舒适的	公平的	沟通的	关怀的	背景音乐节奏			光线强度			等候队列			服务人员及时沟通		
						慢 $\delta_{(1,1)}$	中 $\delta_{(1,2)}$	快 $\delta_{(1,3)}$	弱 $\delta_{(2,1)}$	中 $\delta_{(2,2)}$	强 $\delta_{(2,3)}$	无 $\delta_{(3,1)}$	单列 $\delta_{(3,2)}$	多列 $\delta_{(3,3)}$	差 $\delta_{(4,1)}$	中 $\delta_{(4,2)}$	好 $\delta_{(4,3)}$
1	3.42	4.12	3.47	4.35	3.74	1	0	0	0	1	0	1	0	0	0	0	1
2	4.27	3.72	3.82	3.94	3.86	0	1	0	1	0	0	0	0	1	0	1	0
⋮	⋮	⋮	⋮	⋮	⋮	⋮	⋮	⋮	⋮	⋮	⋮	⋮	⋮	⋮	⋮	⋮	⋮
24	3.86	3.21	4.27	2.87	3.24	0	0	1	0	1	0	1	0	1	0	1	0

（2）模型的求解

式（10.1）中的系数 b_{jk} 可以通过最小二乘法来进行估计。构造正规方程组

$$X^T X \hat{b} = X^T y \tag{10.2}$$

上式中，X 为各场景设计要素的反应矩阵；$y = [y_1, y_2, \cdots, y_n]^T$，与感性词汇空间中的某个感性词汇相对应。对于每一个感性词汇，都需要建立类似式（10.2）的方程组。这里为了简化表示，并未采用单独的下标。此外，$\hat{b} = [\hat{b}_{11}, \cdots, \hat{b}_{1r_1}, \hat{b}_{21}, \cdots, \hat{b}_{2r_2}, \cdots, \hat{b}_{m1}, \cdots, \hat{b}_{mr_m}]$。

在求得 $\hat{b}$ 后，可以得到如下的预测方程

$$\hat{y} = \sum_{j=1}^{m} \sum_{k=1}^{r_j} \delta(j, k) \hat{b}_{jk} \tag{10.3}$$

一般来说，需要对 $\hat{b}_{jk}$ 的估计值进行标准化的处理，此时得到的预测方程可以表示为

$$\hat{y} = \bar{y} + \sum_{j=1}^{m} \sum_{k=1}^{r_j} \delta(j, k) \hat{b}_{jk}^* \tag{10.4}$$

其中，$\bar{y} = \frac{1}{n} \sum_{i=1}^{n} y_i$。$\hat{b}_{jk}^*$ 为经过标准化之后的系数，计算公式为 $\hat{b}_{jk}^* = \hat{b}_{jk} -$

$$\frac{1}{n} \sum_{k=1}^{r_j} n_{jk} \hat{b}_{jk} \text{。}$$

其中，n_{jk} 为全部 n 个场景样本中第 j 个设计项目的第 k 个设计类目的反应次数。由类目得分可以看出各个类目对感性词汇影响的大小及方向。

可以借助 Matlab 等软件对上述模型进行求解。以"舒适的"这一感性词汇为例，经标准化后的预测方程为

$$y = 0.765\delta(1,1) - 0.138\delta(1,2) - 0.442\delta(1,3) +$$
$$0.237\delta(2,1) + 0.572\delta(2,2) - 0.445\delta(2,3)$$

由该方程可以看出，消费者对等候场景是否"舒适"的感知与背景音乐节奏和光线强度两个场景设计要素显著相关。其中背景音乐节奏为"慢"时（对应 $\delta(1,1)$），对消费者舒适性的感知会产生正向的影响；为"中"和"快"（分别对应 $\delta(1,2)$ 和 $\delta(1,3)$）时，则会对舒适感产生负面的影响。进一步的调查表明，在等候过程中听慢节奏的音乐会使人放松、愉悦从而产生舒适的感觉；而快节奏的音乐会唤起人们的情绪并可能促使其产生焦虑感。

此外，等候区的光线强度如果为"弱"（对应 $\delta(2,1)$）或"中"（对应 $\delta(2,2)$）则有利于改善消费者对舒适性的感知；如果光线过强（对应 $\delta(2,3)$）则会对舒适感产生负面影响。

采用类似的方法进一步探究各场景设计要素对感性词汇的影响，获得了一些有趣的结论。例如，单队的等候队列由于能够保证"先来先服务"，所以会使消费者感到是"公平的"；如果服务人员能就等候的时长和原因与消费者进行及时的沟通，则有利于缓解顾客的焦虑感，使其产生安心的感觉。

（3）预测精度及各项目对预测贡献的分析

复相关系数是各感性词汇的预测值与其实测值之间的相关系数，是衡量预测精度的重要统计量，具体的计算公式为

$$r = \frac{\sigma_{\hat{y}y}}{\sigma_{\hat{y}}\sigma_y} = \sqrt{\frac{\sum_{i=1}^{n}(\hat{y}_i - \bar{y})^2}{\sum_{i=1}^{n}(y_i - \bar{y})^2}} \qquad (10.5)$$

也可采用可决系数 r^2 来表示模型的精度。

偏相关系数也是一类重要统计指标，根据其值可以得出各个设计项目对解释感性词汇变差的贡献大小。其值越大，则贡献越大。为了计算偏相关系数，把每个项目视为一个变量，将式（6）看做是第 i 个样本在第 j 个项目上的定量数据，据此可以得到项目与项目之间，项目与因变量之间的相关系数及相关系数矩阵 R。

$$x_i^{(j)} = \sum_{k=1}^{r_j} \delta_i(j, k) \hat{b}_{jk} \qquad \forall i, j \qquad (10.6)$$

在本例中，"舒适的"这一感性词汇的预测值与实测值之间的复相关系数为 0.792，可决系数为 0.627。这一结果表示各设计要素可以解释该感性词汇 62.7% 的方差。

10.3.3 改善等候过程管理的建议

（1）改善顾客时间感知的具体措施

人的时间知觉与其注意力、情绪、所负荷的工作量有着极其密切的关系。人们对时间的关注，即对时间的选择性注意会影响其对时间长短的感知。如果人们在等待过程中能将自己的注意力从关注等候本身转移到关注周围的其他事物，那么其感知等待时间能够得以缩短。因此，可以让处于等候状态的顾客参与到一些活动中以便减少他们对等候时间的感知。例如，餐馆中的服务员可以先让等候的顾客看看菜单，或者提供些杂志来帮助他们消磨时间。

服务布局设计是另一种减少感知等待时间的方式，合理的布局可以减少人员及物品的移动，避免拥挤和阻塞，使运作流程平滑运转，避免不必要的混乱。例如，在一些大城市的地铁换乘枢纽站，通常将一侧车门作为出口，另一侧车门作为入口。上车门和下车门的开关时间错开一段时间，这样下车的人流就不会和上车的人流发生拥挤，乘客实际和感知的换乘时间都得以显著缩短。

队列的长度和队列前进的速度也会影响人们对时间的感知，如果排长队不可避免的话，服务机构应该通过对等候区和队列的设计来减少队列的"视觉长度"。例如，有些服务机构通过让等候队伍蛇形排列，使顾客无法准确地判断队伍的长度。这样，他们就会转而关注于队伍前进的速度。

（2）改善顾客公平感知的具体措施

等候过程中的不公平现象会对顾客的情绪和公平感产生负面影响，先到达服务场所的顾客都希望优先得到服务。因此，在某些情况下，由于条件的限制无法形成队列，先到达的顾客会感到自己接受服务的优先权难以被保证，其焦虑水平会随着时间流逝逐渐提高。这时，服务企业应考虑设计排号系统，并严格地按照所分配的顺序号为顾客提供服务。

不同的排队方式会导致顾客不同的公平感知。在单队排队方式下，顾客公平感通常会高于多队排队方式。这是因为虽然单队看起来较长，但能严格保证先来先服务的原则。在多队方式中，由于受一系列不确定因素影响（如服务人员的效率、顾客服务需求的差异等），每队的移动速度可能不同，后到的顾客可能比先到的顾客先接受服务，顾客就会觉得不公平。

服务人员应具有良好的服务态度和服务技巧，热心为等待中的顾客提供帮助。如果服务人员在顾客等候的过程中保持与顾客的平等交流，就能够很好地缓解顾客焦虑的情绪。此外，服务人员对所有的顾客都应同等对待。有些服务企业会为高价值顾客提供特殊的服务（如银行规定 VIP 顾客可以优先接受服务），虽然这从顾客价值的角度来说是合理的，但从等候管理的角度来说，应尽可能地避免让普通顾客感觉到这种"特权"的存在，以免由于这种待遇上的不平等引起他们的不满。

（3）改善顾客环境感知的具体措施

对等候环境的感知是顾客整体等候感知的重要组成部分。了解和把握等候环境因素对消费者情绪产生的影响可以指导服务企业更为合理地设计等候环境，帮助顾客建立和维持相对愉悦的等候体验。

合理的设计光线、温度和音乐等氛围因素有助于改善顾客的舒适感。研究表明照明光线越亮，人的情绪就会越激动；而在较暗的光线中人们通常会保持更稳定的情绪状态并具有更高的生理舒适度；温度的变化也会影响等候中顾客的感受。温度越高，人们就会表现出更多违反社会规范的"越轨"行为（如插队）。因此，可以推断人体有一个感觉舒适的温度范围，环境温度偏离这一舒适的范围越多，更易引发人们的负面情绪及更长的时间感知。

音乐对个体情绪的影响机制较为复杂，取决于音乐的音量、音调、节奏和风格。与快节奏的音乐相比，在等候过程中听慢节奏的音乐会使人放松、愉悦。颜色包括三个感知维度：色调、亮度和饱和度，研究表明，暖色调具有生理和心理的唤醒功能，甚至使人产生压力；冷色调则可以使人松弛并缓解压力感。此外，暖色调会使人高估等候时间，冷色调则具有相反的效应。从亮度和饱和度的角度来说，高亮度和高饱和度会使人产生激动的情绪，从而使人高估在服务等候中的等候时间。

等候环节中的服务设施（如供顾客休息的座椅）会影响人体的舒适感，进而引起人们产生不同的情绪反应。服务设施的布局也会影响到人们在等待过程中对队列前进速度及排队公平性的感知。例如，如果在设计服务设施时能够使人们明显感觉到队伍在向前移动，就会使人们产生更为正面的情绪感受，并且低估感知的等候时间。

一起等候服务的顾客及服务机构的员工共同构成了服务等候的社会环境。顾客之间的交互会影响顾客的满意度，管理者对这一问题应予以重视。在不同的服务情景中，顾客之间相互交流的意愿有所不同，因此就会产生社会互助或社会干扰等不同的顾客感知。社会互助是指在等候过程中，顾客之间通过聊天等方式填补时间或转移注意力，避免产生焦虑等负面情绪。反之，如果处于无法控制的干扰环境中，例如，等候队列中有吸烟、大声喧哗或过度拥挤的情况发生，顾客就会产生不悦的情绪。

（4）改善顾客沟通感知的具体措施

沟通也是顾客等候感知的一个重要构面。人们在等候的过程中通常必须要面对诸多的未知或不确定因素，如造成等候的原因、等候时长、是否肯定会接受到服务等。因此，在等候的过程中及时与顾客进行有关信息的沟通将对改善顾客的感知和体验起到积极的作用。

10.4 本章结论

随着经济的快速发展，人们的消费价值观正由理性消费向感性消费转变。在服务消费，尤其是享乐型服务消费中，顾客更加注重情感上的体验和感受，因此，如何在服务场景的设计中更好地体现顾客的感性需求成为服务管理中的热点问题。本章提出了一种基于感性工学的服务场景设计方法，用来建立消费者的感性需求与服务场景设计要素之间的关系、探索最佳的服务场景设计要素组合。

将感性工学的理论与方法应用到服务场景的设计过程中，能够实现服务场景在功能要素和情感要素两方面的最优配置，有助于为服务场景增加更为丰富的情感附加值，从而给消费者带来更为难忘的消费体验，并帮助服务企业构建更为独特和持久的竞争优势。

▶ ▶ ▶ ▶ ▶ ▶ ▶ ▶

本章实例：酒店服务的人性化设计

酒店设计必须充分体现人性化理念。所谓人性化，就是坚持"以人为本"，提倡亲情化、个性化、家居化，突出温馨、柔和、活泼、典雅的特点，满足人们丰富的情感生活和高层次的精神享受，适度张扬个性。通过细小环节向客人传递感情，努力实现饭店与客人的情感沟通，体现饭店对客人的关怀。

安全。安全是人的第一需求，如果宾客没有安全感，服务再优秀、再完美也无济于事。因此，安全决定着饭店经营管理的良莠和成败。雅加达和新加坡的希尔顿酒店对女客人实行特别安全措施，尽量将女客人安排在靠近电梯的房间，如果她们的房间较为僻静，饭店则安排专人送她们回房间。

尊重。酒店对宾客表示尊敬和热烈的欢迎，宾客会感到自己受到了重视。无论是各国政要还是普通平民，入住日本大阪皇家饭店客房打开电视机时，荧屏上即跳出白色的英文"某某，祝您在皇家饭店度过愉快的时光！"当宾客并不很经意地念完这段文字，意识到这是写给本人的时候，会感到由衷的高兴，因为这毕竟是饭店对宾客尊重的最直接的体现。

情感。情感服务已经成为饭店服务的灵魂，丰富了优质服务的内涵。某年母亲节，宁波某酒店推出了"贺卡传情寄爱心"活动。从母亲节前两天到母亲节当天，凡是入住的宾客，酒店均在房间内准备了一张精美的母亲节贺卡，只要宾客填写好祝福的话语及地址，酒店金钥匙就免费邮寄，代替宾客向母亲捎去一份节日的问候，得到了宾客的一致好评。

细节。一些酒店设计出一种新潮婚宴酒的酒瓶，在贴标签的地方贴上新人的照片，印有新人的姓名、星座、结婚日期，还有很多甜蜜浪漫的祝福语。这种婚宴用酒饮用后，还可回收瓶体送给亲朋好友作纪念，也可作装饰品，确实别出心裁。

超前。饭店是当代社会物质文明和精神文明的窗口，也是现代高科技文明的表现场所。饭店运用现代高科技的设施设备为宾客提供最完善、最快捷的服务，以及最高雅、舒适的环境享受，是超前服务设计的重要方面。美国的克雷斯脱大饭店专辟了妇女客房，内备非常女性化的装饰设施，如穿衣化妆镜、华贵的成套化妆用具、洗涤剂、淋浴用芳香泡沫剂、电吹风、妇女阅读的杂志等。

创新。在宾客的需求与期望越来越高、越来越多样化的情况下，饭店的服务必须不断适应、不断创新，构思新的服务内容。云南某饭店推出的篝火晚会，颇富创意。当夜幕降临、半个月亮爬上来时，寨门拉开了，傣族姑娘用树叶轻轻往来宾身上洒香水；服务员身着民族服装，笑吟吟地在竹凳竹桌之间轻步穿梭往返。不一会儿，一排地方风味菜肴呈现出来。两堆篝火在燃烧，来自山村原汁原味的演员伴随着悠扬的声乐翩翩起舞。兴头上的宾客，可以上场纵情歌舞。

（资料来源：http://www.canyin168.com/glyy/yg/ygpx/fwzl/200701/4111.html）

参 考 文 献

英文部分

［1］Aragon S R. Creating social presence in online environments ［J］. New Directions for Adult and Continuing Education, 2003, （100）: 57 – 68.

［2］Ayas E, Eklund J, Ishihara S. Affective design of waiting areas in primary healthcare ［J］. The TQM Journal, 2008, 20 （4）: 389 – 408.

［3］Baker J, Grewal D, Parasuraman A. The influence of store environment on quality inferences and store image ［J］. Journal of the Academy of Marketing Science, 1994, 22 （4）: 328 – 339.

［4］Baker J, Parasuraman A, Grewal D. The influence of multiple store environment cues on perceived merchandise value and purchase intentions ［J］. Journal of Marketing, 2002, 66 （April）: 120 – 141.

［5］Baker J, Parasuraman A, Grewal D. The influence of multiple store environment cues on perceived merchandise value and purchase intentions ［J］. Journal of Marketing, 2002, 66 （April）: 120 – 141.

［6］Baker S M, Holland J, Kaufman – Scarborough C. How consumers with disabilities perceive "welcome" in retail servicescapes: a critical incident study ［J］. Journal of Services Marketing, 2007, 21 （3）: 160 – 173.

［7］Baron S, Harris K and Davies B J. Oral participation in retail service delivery: a comparison of the roles of contact personnel and customers ［J］. European Journal of Marketing, 1996, 30 （9）: 75 – 90.

［8］Bettencourt L A. Customer voluntary performance: customers as partners in service delivery [J]. Journal of Retailing, 1997, (73): 3: 383 - 406.

[9] Bitner M J. Servicescapes: The impact of physical surroundings on customers and employees [J]. Journal of Marketing, 1992, 56 (2): 57 - 71.

[10] Blackwell R D, Miniard P W, Engel J F. Consumer behavior (9th Edition) [M]. Fort Worth: Harcourt Trade Publishers, 2001.

[11] Bove L L, Pervan S J, Beatty S E, et al. Service worker role in encouraging customer organizational citizenship behaviors [J]. Journal of Business Research, 2008, 62 (7): 1 - 8.

[12] Burton D. Consumer education and service quality: conceptual issue and practical implication [J]. Journal of Service Marketing, 2002, 16 (2): 125 - 142.

[13] Cermak D S P, File K M, Prince R A. Customer participation in service specification and delivery [J]. Journal of Applied Business Research, 1994, 10 (2): 90 - 100.

[14] Chebat J, Michon R. Impact of ambient odors on mall shoppers' emotions, cognition, and spending [J]. Journal of Business Research, 2003, 56: 529 - 539.

[15] Childers T L, Carrb C L, Peckc J, et al. Hedonic and utilitarian motivations for online retail shopping behavior [J]. Journal of Retailing, 2001, 77 (4): 511 - 535.

[16] Claycomb C, Lengnick-hall C A, Inks L W. The customer as a productive resource: a pilot study and strategic implications [J]. Journal of Business Strategies, 2001, 18 (1): 47 - 69.

[17] Cobb S. Social support as a moderator of life stress [J]. Psychosomatic Medicine, 1976, 38 (5): 300 - 314.

[18] Cohen S. Social relationships and health [J]. American Psychologist, 2004, 59 (8): 676 - 684.

[19] Countryman C, Jang C S. The effects of atmospheric elements on customer impression: the case of hotel lobbies [J]. International Journal of Contempo-

rary Hospitality Management, 2006, 18 (7): 534 – 545.

[20] Cronin J J, Brady M K, Hult G T. Assessing the effect of quality, value and consumer satisfaction on consumer behavioral intentions in service environments [J]. Journal of Retailing, 2000, 76 (2): 193 – 218.

[21] Cyr D, Hassanein K, Head M, et al. The role of social presence in establishing loyalty in e-service environments [J]. Interacting with Computers Archive, 2007, 19 (1): 43 – 56.

[22] Davis F D. Perceived usefulness, perceived ease of use, and user acceptance of information technology [J]. MIS Quarterly, 1989, 13 (3): 319 – 339.

[23] Donovan R J, Rossiter J. Store atmosphere: an environmental psychology approach [J]. Journal of Retailing, 1982, 58 (1): 34 – 47.

[24] Eisenberger R, Huntington R, Hutchison S, Perceived organizational support [J]. Journal of Applied Psychology, 1986, (71): 500 – 507.

[25] Eisingerich A B, Bell S J. Customer education increases trust [J]. MIT Sloan Management Review, 2008, 50 (1): 10 – 11.

[26] Eisingerich A B, Bell S J. Perceived service quality and customer trust: Does enhancing customers' service knowledge matter? [J]. Journal of Service Research, 2008, 10 (3): 256 – 268.

[27] Eisingerich A B, Bell S J. Relationship Marketing in the Financial Services Industry: The Importance of Customer Education, Participation and Problem Management for Customer Loyalty [J]. Journal of Financial Services Marketing, 2006, 10 (4): 86 – 97.

[28] Eng T Y, Quaia G. Strategies for improving new product adoption in uncertain environments: a selective review of the literature [J]. Industrial Marketing Management, 2009, 38 (3): 275 – 282.

[29] Ennew C T, Binks M R. Impact of participative service relationships on quality, satisfaction and retention: an exploratory study [J]. Journal of Business Research, 1999, 46 (2): 121 – 132.

[30] Eroglu S A, Machleit K A, Davis L M. Atmospheric qualities of online retailing: a conceptual model and implications [J]. Journal of Business Research, 2001, 54 (2): 177 – 184.

[31] Eroglu S A, Machleit K A, Davis L M. Empirical testing of a model of online store atmospherics and shopper responses [J]. Psychology and Marketing, 2003, 20 (2): 139 – 150.

[32] Ezeh C, Harris L C. Servicescape research: a review and a research agenda [J]. The Marketing Review, 2007, 7 (1): 59 – 78.

[33] Ezeh C. Harris L C. servicescape and loyalty intentions: an empirical investigation [J]. European Journal of Marketing, 2007, 42 (3): 390 – 422.

[34] Fortin D R, Dholakia R R. Interactivity and vividness effects on social presence and involvement with a web-based advertisement [J]. Journal of Business Research, 2005, 58 (8): 387 – 396.

[35] Gefen D, Karahanna E, Straub D W. Trust and TAM in online shopping: an integrated model [J]. MIS Quarterly, 2003, 27 (1): 51 – 90.

[36] Gefen D, Straub D W. Consumer trust in b2c e-commerce and the importance of social presence: experiments in e-products and e-services [J]. Omega, 2004, 32 (6): 407 – 424.

[37] Gounaris S, Koritos S, Vassilikopoulou K. Person – place congruency in the internet banking context [J]. Journal of Business Research, 2009, 63 (9): 943 – 949.

[38] Grove S J, Fisk R P. The impact of other customers on service experiences: a critical incident examination of "getting along" [J]. Journal of Retailing, 1997, 73 (1): 63 – 85.

[39] Hassanein K, Head M. Manipulating perceived social presence through the web interface and its impact on attitude towards online shopping [J]. Journal of Human – Computer Studies, 2007, 65 (8): 689 – 708.

[40] Hennig-thurau T, Honebein P, Aubert B. Unlocking product value through customer education [C]. San Antonio: AMA Winter Educators' Conference,

2005: 136 – 137.

[41] Hennig-thurau T. Relationship quality and customer retention through strategic communication of customer skills [J]. Journal of Marketing Management, 2000, 16 (1): 55 – 79

[42] Holbrook M, Hirschman E. The experiential aspects of consumption: Consumer fantasies, feelings, and fun [J]. The Journal of Consumer Research, 1982, 9 (2): 132 – 140.

[43] Holzwarth M, Janiszewski C, Neumann M M. The influence of avatars on online consumer shopping behavior [J]. Journal of Marketing, 2006, 70 (4): 19 – 36.

[44] Hong W, Thong J Y L, Tam K Y. Designing product listing pages on e-commerce websites: an examination of presentation mode and information format [J]. International Journal of Human – Computer Studies, 2004, 61 (4): 481 – 503.

[45] Hostler R E, Yoon V Y, Guimaraes T. Assessing the impact of internet agent on end users' performance [J]. Decision Support Systems, 2005, 41 (1): 313 – 323.

[46] Hu H, Jasper C R. Social cues in the store environment and their impact on store image [J]. International Journal of Retail & Distribution Management, 2006, 34 (1): 25 – 48.

[47] Huang J, Hsu C H. The impact of customer-to-customer interaction on cruise experience and vacation satisfaction [J]. Journal of Travel Research, 2010, 49 (1): 79 – 92.

[48] Hui M K, Bateson J E G. Perceived control and the effects of crowding and consumer choice on the service experience [J]. Journal of Consumer Research, 1991, 18 (2): 174 – 184.

[49] Izard C E. Four systems for emotion activation: Cognitive and noncognitive processes [J]. Psychological Review, 1993, 100 (1): 68 – 90.

[50] Jang S, Namkung Y. Perceived quality, emotions, and behavioral in-

tentions: application of an extended mehrabian - russell model to restaurants [J]. Journal of Business Research, 2009, 62 (4): 451 - 460.

[51] Kellogg D L, Youngdahl W E, Bowen D E. On the relationship between customer participation and satisfaction: two frameworks [J]. International Journal of Service Industry Management, 1997, 8 (3): 206 - 219.

[52] Kim J H, Kim M, Lennon S J. Effects of website atmospherics on consumer responses: music and product presentation [J]. Direct Marketing: An International Journal, 2009, 3 (1): 4 - 19.

[53] Kim W G, Moon Y J. Customers' cognitive, emotional, and actionable response to the servicescape: a test of the moderating effect of the restaurant type [J]. International Journal of Hospitality Management, 2009, 28 (1): 144 - 156.

[54] Kotler P. Atmospheric as a marketing tool [J]. Journal of Retailing, 1973, 49 (4): 48 - 64.

[55] Kumar N, Benbasat I. Para-social presence and communication capabilities of a Website: a theoretical perspective [J]. e-Service Journal, 2002, 1 (3): 5 - 24.

[56] Kwak D H, Kang J H. The Effect of self/team follower image congruence on spectator sport consumption behavior and team loyalty [J]. International Journal of Sport and Health Science, 2008, 6: 135 - 144.

[57] Ladhari R, Brun I, Morales M. Determinants of dining satisfaction and postdining behavioral intentions [J]. International Journal of Hospitality Management, 2008, 27 (4): 563 - 573.

[58] Laukkanen T, Sinkkonen S, Laukkanen P. Communication strategies to overcome functional and psychological resistance to internet banking [J]. International Journal of Information Management, 2009, 29 (2): 111 - 118.

[59] Lin G T R, Sun C C. Factors influencing satisfaction and loyalty in online shopping: an integrated model [J]. Online Information Review, 2009, 33 (3): 458 - 475.

［60］ Lin I Y. Evaluating a servicescape：the effect of cognition and emotion ［J］. International Journal of Hospitality Management, 2004, 23 （2）: 163 – 178.

［61］ Lin I Y. The combined effect of color and music on customer satisfaction in hotel bars ［J］. Journal of Hospitality Marketing & Management, 2010, 19 （1）: 22 – 37.

［62］ Liu S X, Lu Y X, Liang Q P, et al. Moderating effect of cultural values on decision making of gift-giving from a perspective of self-congruity theory: an empirical study from Chinese context ［J］. Journal of Consumer Marketing, 2010, 27 （7）: 604 – 614.

［63］ LIU S Z. The Impact of forced use on customer adoption of self-service technologies ［J］. Computers in Human Behavior, 2012, 28 （4）: 1194 – 1201.

［64］ Liu Y, Jang S. The effects of dining atmospherics: an extended mehrabian-russell model ［J］. International Journal of Hospitality management, 2009, 28 （4）: 494 – 503.

［65］ Lombard M, Ditton T B. At the heart of it all: the concept of presence ［J］. Journal of Computer – Mediated – Communication, 1997, 3 （2）: 48 – 62.

［66］ Luhtanen R, Crocker J. A collective self-esteem scale: Self-evaluation of one's social identity. Personality and Social Psychology Bulletin, 1992, 18, 302 – 318.

［67］ Manganari E E, Siomkos G J, Vrechopoulos A P. Store atmosphere in web retailing ［J］. European Journal of Marketing, 2009, 43 （9）: 1140 – 1153.

［68］ Martin C L, Pranter C A. Compatibility management: customer-to-customer relationships in service environments ［J］. Journal of Services Marketing, 1989, 3 （3）: 5 – 15.

［69］ Maslow, L. A. Motivation and Personality ［M］. NewYork: Harper, 1954.

［70］ Mattila A S, Ro H. Discrete negative emotions and customer dissatisfaction response in a casual restaurant setting ［J］. Journal of Hospitality & Tourism Research, 2008, 32（1）: 89 – 101.

［71］ Mcneal J. Consumer education as a competitive strategy ［J］. Business Horizons, 1978, 21（1）: 50 – 56.

［72］ Meer C G. Customer education ［M］. Chicago: Nelson – Hall, 1984.

［73］ Gross M J, Brown G. Tourism experiences in a lifestyle destination setting: The roles of involvement and place attachment. Journal of Business Research, 2006, 59（6）: 696 – 700.

［74］ Mittal V, Sawhney M S. Learning and using electronic information products and services: a field study ［J］. Journal of Interactive Marketing, 2001, 15（1）: 2 – 12.

［75］ Morgan R. M, and Hunt S. D. The commitment-trust theory of relationship marketing ［J］. Journal of Marketing, 1994, 58（3）: 20 – 38.

［76］ Nagamachi M. Kansei engineering as a powerful consumer-oriented technology for product development ［J］. Applied Ergonomics, 2002, 33（3）: 289 – 294.

［77］ Nass C, Moon Y. Machines and mindlessness: social responses to computers ［J］. Journal of Social Issues, 2000, 56（1）: 81 – 103.

［78］ Nguyen N. The collective impact of service workers and servicescape on the corporate image formation ［J］. International Journal of Hospitality Management, 2006, 25（2）: 227 – 244.

［79］ Nicholls R. New Directions for Customer-to-customer Interaction Research ［J］. Journal of Services Marketing, 2010, 24（1）: 87 – 97.

［80］ Noel J L, Ulrich D, Mercer S V. Customer education: a new frontier for human resource development ［J］. Human Resource Management, 1990, 29（4）: 411 – 434.

［81］ Oakes S, North A C. Reviewing congruity effects in the service environment musicscape ［J］. International Journal of Service Industry Management, 2008, 19（1）: 63 – 82.

[82] Oh J, Fiorito S S, Choc H, et al. Effects of design factors on store image and expectation of merchandise quality in web-based stores [J]. Journal of Retailing and Consumer Services, 2008, 15 (4): 237 - 249.

[83] Parasuraman A, Zeithmal V A, Berry L L. SERVQUAL: A multiple-item scale for measuring customer perceptions of service quality [J]. Journal of Retailing, 1988, 64 (1): 12 - 40.

[84] Park C W, Bernard J J, Deborah J M. Strategic brand concept-image management [J]. Journal of Marketing, 1986, 50 (4): 135 - 145.

[85] Parker C, Philippa W. An analysis of role adoptions and scripts during customer-to-customer encounters [J]. European Journal of Marketing, 2000, 34 (3/4): 341 - 358.

[86] Petrick J F. Development of a multi-dimensional scale for measuring the perceived value of a service [J]. Journal of Leisure Research, 2002, 34 (2): 119 - 134.

[87] Reeves B, Nass C. Media equation: how people treat computer, television, and new media like real people and places [M]. New York: Cambridge University Press, 1996.

[88] Richard M O. Modeling the impact of internet atmospherics on surfer behavior [J]. Journal of Business Research, 2005, 58 (12): 1632 - 1642.

[89] Richins M L. Measuring emotions in the consumption experience [J]. Journal of Consumer Research, 1997, 24 (September): 127 - 146.

[90] Robert M, Melissa L M, Michael C. The impact of customer-to-customer interactions in a high personal contact service setting [J]. Journal of Services Marketing, 2005, 19 (7): 482 - 491.

[91] Rosenbaum M S, Montoya D Y. Am I welcome here? Exploring how ethnic consumers assess their place identity [J]. Journal of Business Research, 2007, 60 (3): 206 - 214.

[92] Rosenbaum M S. Exploring the social supportive role of third places in consumers' lives [J]. Journal of Service Research, 2006, 9 (1): 59 - 72.

［93］ Rosenbaum M S. The symbolic servicescape: your kind is welcomed here [J]. Journal of Consumer Behavior, 2005, 4 (4): 257 – 267.

［94］ Ryu K, Jang S. The effect of environment perceptions on behavioral intentions through emotions: the case of upscale restaurants [J]. Journal of Hospitality & Tourism Research, 2007, 31 (1): 56 – 72.

［95］ Schein E H. Organizational socialization and the professional management [J]. Industrial Management Review, 1968, 9 (4): 1 – 16.

［96］ Schutte S, Eklund J. Concepts, methods and tools in Kansei engineering [J]. Theoretical Issues in Ergonomics Science, 2004, 5 (3): 214 – 231.

［97］ Sherman E, Mathur A, Smith R B. Store environment and consumer purchase behavior: mediating role of consumer emotions [J]. Psychology & Marketing, 1997, 14 (4): 361 – 378.

［98］ Short J, Williams E, Christie B. The social psychology of telecommunications [M]. London: John Willey & Sons, 1976.

［99］ Simon S J. The impact of culture and gender on websites: an empirical study [J]. Database for Advances in Information Systems, 2001, 32 (1): 18 – 37.

［100］ Sirgy M J, Grewal D, Mangleburg T, et al. Assessing the predictive validity of two methods of measuring self-congruity [J]. Journal of Academy of Marketing Science, 1997, 25: 229 – 241.

［101］ Sirgy M J, Lee D J, Johar J S, et al. Effect of self-congruity with sponsorship on brand loyalty [J]. Journal of Business Research, 2008, 61 (10): 1091 – 1097.

［102］ Sirgy M J, Su C. Destination image, self-congruity, and travel behaviour: toward an integrative model [J]. Journal of Travel Research, 2000, 38: 340 – 352.

［103］ Sirgy M J, Grewalb D, Mangleburgc T. Retail environment, self-congruity, and retail patronage: an integrative model and a research agenda [J]. Journal of Business Research, 2000, 49 (2): 127 – 138.

［104］ Sproull L, Kiesler S. Reducing social context cues: Electronic mail in organizational communication ［J］. Management Science, 1986, 32 (11): 1492 - 1512.

［105］ Sweeney J C, Fiona W. The role of cognitions and emotions in the music-approach-avoidance behavior relationship ［J］. Journal of Services Marketing, 2002, 16 (1): 51 - 69.

［106］ Sweeney J C, Soutar N G. Consumer pereeived value: the development of a multiple item scale ［J］. Journal of Retailing, 2007, 77 (2): 203 - 220.

［107］ Tombs A G, Mccoll-kennedy J R. Social-servicescape conceptual model ［J］. Marketing Theory, 2003, 3 (4): 37 - 65.

［108］ Tombs A G, McColl - Kennedy J R. The importance of physical, social, and contextual elements of the social-servicescape on customer affect and re-purchase intentions ［C］. The Proceedings of Australian and New Zealand Marketing Academy Conference, 2004.

［109］ Turley L M, Milliman R E. Atmospherics effects on shopping behavior: a review of the experimental evidence ［J］. Journal of Business Research, 2000, 49 (2): 193 - 211.

［110］ Uhrich S, Benkenstein M. Physical and social atmospheric effects in hedonic service consumption: customers' roles at sporting events ［J］. The Service Industries Journal, 2010, 31 (8): 1 - 17.

［111］ Usakli A, Baloglu S. Brand personality of tourist destinations: An application of self-congruity theory ［J］. Tourism Management, 2011, 32: 114 - 127.

［112］ Venkatraman M, Nelson T. From servicescape to consumptionscape: a photo-elicitation study of Starbucks in the New China ［J］. Journal of International Business Studies, 2008, 39 (6): 1010 - 1026.

［113］ Vrechopoulos A P, Keefe R M O, Doukidis G I, et al. Virtual store layout: an experimental comparison in the context of grocery retail ［J］. Journal of

Retailing, 2004, 80 (1): 13 – 22.

[114] Wakefield K L, Blodgett J G. Customer Response to Intangible and Tangible Service Factors [J]. Psychology and Marketing, 1999, 16 (1): 51 – 68.

[115] Wakefield K L, Blodgett J G. The effect of the servicescape on customers' behavioral intentions in leisure service settings [J]. The Journal of Services Marketing, 1996, 10 (6): 45 – 61.

[116] Wang L, Baker J, Wagner J A, et al. Can a retail web site be social? [J]. Journal of Marketing, 2007, 71 (3): 143 – 157.

[117] Williams D R, Patterson J W, Roggenbuck J W. Beyond the commodity metaphor: examining emotional and symbolic attachment to place [J]. Leisure Science, 1992, 14: 29 – 46.

[118] Williams D R, Roggenbuck J W. Measuring place attachment: some preliminary results [C]. Proceedings of NRPA Symposium on Leisure Research. San Antonio, TX, 1989.

[119] Winsted K F. The Service Experience in Two Cultures: A Behavioral Perspective [J]. Journal of Retailing, 1997, 73 (3): 337 – 360.

[120] Woods A W. Psychological dimensions of consumer decision [J]. Journal of Marketing, 1960, 24 (2): 15 – 19.

[121] Wu C H. The Impact of customer-to-customer interaction and customer homogeneity on customer satisfaction in tourism service—the service encounter prospective [J]. Tourism Management, 2007, 28 (6): 1518 – 1528.

[122] Wu C H. The influence of customer-to-customer interactions and role typology on customer reaction [J]. The Service Industries Journal, 2008, 28 (10): 1501 – 1513.

[123] Wu C S, Cheng F F, Yen D C. The atmospheric factors of online storefront environment design: an empirical experiment in taiwan [J]. Information & Management, 2008, 45 (7): 493 – 498.

[124] Wu H J. A re-examination of the antecedents and impact of customer

participation in service〔J〕. The Service Industries Journal, 2011, 31 (6): 863 – 876.

〔125〕Yi Y, Nataraajan R, Gong T. Customer participation and citizenship behavioral influences on employee performance, satisfaction, commitment, and turnover intention〔J〕. Journal of Business Research, 2011, 64 (1): 87 – 95.

〔126〕Yin C Y, Yang X. The impact of customer education on customer participation, functional service quality and trust in restaurant services〔J〕. International Journal of Services, Economics and Management, 2009, 1 (3): 233 – 249.

〔127〕Yuksel A. Tourist shopping habitat: effects on emotions, shopping value and behaviors〔J〕. Tourism Management, 2007, 28 (1): 58 – 69.

〔128〕Zeithaml V A, Berry L L, Parasuramam A. The behavioral consequences of service quality〔J〕. Journal of Marketing, 1996, 60 (2): 31 – 46.

〔129〕Zeithaml V A, Bitner M J, Gremler D. Service marketing (5th Edition)〔M〕. Irwin: McGraw – Hill, 2008.

〔130〕Zhao X Y, Mattila A S, Tao L S. The role of post-training self-efficacy in customers' use of self service technologies〔J〕. International Journal of Service Industry Management, 2008, 19 (4): 492 – 505.

中文部分

〔1〕戴维·迈尔斯著. 社会心理学（第8版）〔M〕. 北京：人民邮电出版社, 2010.

〔2〕董芳武, 邓怡莘. 迈向社会化的设计——探讨语音和表情符号对儿童参与数位学习的影响〔J〕. 设计学报, 2007, 12 (4): 43 – 57.

〔3〕范钧, 孔静伟. 国外顾客公民行为研究〔J〕. 外国经济与管理, 2009, 31 (9): 47 – 52.

〔4〕范秀成, 杜建刚. 服务质量五维度对服务满意及服务忠诚的影响——基于转型期间中国服务业的一项实证研究〔J〕. 管理世界, 2006, (6): 111 – 119.

〔5〕范秀成, 罗海成. 基于顾客感知价值的服务企业竞争力探析〔J〕. 南开管理评论, 2003, (6): 41 – 45.

〔6〕龚金红. 服务场景中的"其他顾客"〔J〕. 商场现代化, 2008,

（34）：27 - 28.

[7] 韩小芸，谢礼珊. 服务公平性对顾客归属感的影响 [J]. 现代管理科学，2007，（11）：15 - 19.

[8] 韩小芸，张萨仁娜. 旅行社顾客教育、顾客的心理受权及消费价值之间的关系 [J]. 旅游科学，2012，（2）：40 - 49.

[9] 侯旻，吴小丁. 百货店店铺印象中的服务要素测量研究 [J]. 商业经济与管理，2010，226（8）：13 - 20.

[10] 黄文彦，蓝海林. 西方顾客承诺研究述评 [J]. 商业经济与管理，2010，（7）：72 - 80.

[11] 贾鹤，王永贵，黄永春. 服务企业应该培训顾客吗？顾客知识对创造型顾客参与行为和顾客满意的影响的探索性研究 [J]. 科学决策，2009，（12）：54 - 62.

[12] 贾薇，张明立，王宝. 服务业中顾客参与对顾客价值创造影响的实证研究 [J]. 管理评论，2011，23（5）：61 - 70.

[13] 蒋婷，胡正明. 服务接触中游客间互动行为研究——基于关键事件技术的方法 [J]. 旅游学刊，2011，26（5）：77 - 83.

[14] 金立印. 服务接触中的员工沟通行为与顾客响应——情绪感染视角下的实证研究 [J]. 经济管理（新管理），2008，30（18）：28 - 35.

[15] 金玉芳，董大海，张海松. 消费者产品知识对其激活域的影响研究 [J]. 预测，2007，26（1）：12 - 20.

[16] 黎建新，甘碧群. 服务企业的顾客兼容性管理探讨 [J]. 消费经济，2006，22（3）：47 - 51.

[17] 黎建新，唐君，蔡恒等. 服务接触中的顾客兼容性感知：前因、后果与行业比较 [J]. 长沙理工大学学报（社会科学版），2009，24（4）：5 - 10.

[18] 李静，郑用吉. 服务业顾客关系承诺研究——基于中、韩、澳顾客跨文化的比较 [J]. 管理评论，2011，23（4）：64 - 72.

[19] 李强. 支持感与心理健康的关系 [J]. 天津社会科学，1998，（1）：67 - 70.

［20］李玉峰，吕巍，柏佳洁．不同购物环境下消费者享乐主义/功利主义态度测评［J］．管理科学，2008，21（1）：58－64．

［21］凌文辁，杨海军，方俐洛．企业员工的组织支持感［J］．心理学报，2006，38（2）：281－287．

［22］刘洪深，汪涛，张辉．从顾客参与行为到顾客公民行为——服务中顾客角色行为的转化研究［J］．华东经济管理，2012，26（4）：109－114．

［23］刘倩．消费价值与顾客归属感关系研究［J］．暨南学报（哲学社会科学版），2008，5（5）：65－71．

［24］刘汝萍，马钦海，范广伟．社会规范标识与顾客社会规范行为意图和服务满意［J］．管理科学，2010，23（3）：53－59．

［25］刘汝萍，马钦海，赵晓煜．其他顾客不当行为对满意及行为倾向的影响：关系质量的调节效应［J］．营销科学学报，2012，8（2）：129－145．

［26］刘晓，黄希庭．社会支持及其对心理健康的作用机制［J］．心理研究，2010，3（1）：3－8．

［27］吕瑛，卫海英．顾客角色外行为测量探讨：量表构建与开发［J］．北京工商大学学报（社会科学版），2012，27（2）：49－54．

［28］彭艳君，景奉杰．服务中的顾客参与及其对顾客满意的影响研究［J］．经济管理，2008，（10）：60－66．

［29］彭艳君．顾客参与量表的构建和研究［J］．管理评论，2010，22（3）：78－85．

［30］邵兵家，杨璐．网上商店氛围对消费者购买意愿的影响［J］．商业研究，2009，（11）：214－216．

［31］盛天翔，刘春林．网上交易服务质量四维度对顾客满意及忠诚度影响的实证研究［J］．南开管理评论，2008，11（6）：37－41．

［32］唐纳德·诺曼著，付秋芳，程进三译．情感化设计［M］．北京：电子工业出版社，2005．

［33］陶沙．社会支持与大学生入学适应关系的研究［J］．心理科学，

2003, 26 (5): 908 - 909.

[34] 汪纯孝, 温碧燕, 姜彩芬. 服务质量、消费价值、顾客满意度与行为意向 [J]. 南开管理评论, 2001, (6): 11 - 15.

[35] 汪涛, 郭锐. 商业友谊对关系品质和顾客忠诚的影响之研究 [J]. 商业经济与管理, 2006, (9): 35 - 41.

[36] 汪涛, 张辉, 刘洪深. 顾客组织社会化研究综述与未来展望 [J]. 外国经济与管理, 2011, 33 (2): 33 - 40.

[37] 汪旭晖. 零售店铺环境对消费者惠顾行为的作用机理研究 [J]. 北京工商大学学报 (社会科学版), 2008, 23 (1): 56 - 63.

[38] 王全胜, 郑称德, 周耿. B2C 网站设计因素与初始信任关系的实证研究 [J]. 管理学报, 2009, 6 (4): 495 - 501.

[39] 韦福祥. 顾客感知服务质量与顾客满意相关关系实证研究 [J]. 天津商学院学报, 2003, 23 (10): 21 - 25.

[40] 魏晓燕. 高技术社会消费活动的演变趋势分析 [J]. 华中科技大学学报 (社会科学版), 2011, 25 (2): 70 - 75.

[41] 谢礼珊, 李翠湄. 酒店营销中的有形证据 [J]. 北京第二外国语学院学报, 2000, (5): 12 - 18.

[42] 银成钺, 杨雪, 王影. 基于关键事件技术的服务业顾客间互动行为研究 [J]. 预测, 2010, 29 (1): 15 - 20.

[43] 银成钺, 杨雪. 服务接触中的兼容性管理对顾客反应的影响研究 [J]. 管理学报, 2010, 7 (4): 547 - 554.

[44] 应爱玲, 朱金福. 消费者真实/理想自我概念与品牌个性一致性对品牌偏好的影响研究 [J]. 数理统计与管理, 2007, 26 (6): 971 - 976.

[45] 翟家保, 徐扬. 服务业中顾客参与研究综述 [J]. 科技进步与对策, 2009, 26 (10): 156 - 160.

[46] 张俊妮, 江明华, 庞隽. 品牌个性与消费者个性相关关系的实证研究 [J]. 经济科学, 2005, (6): 103 - 112.

[47] 张明立, 贾薇, 王宝. 基于独特性需要调节作用的顾客参与研究 [J]. 管理工程学报, 2011, 25 (2): 53 - 61.

［48］赵晓煜，曹忠鹏．服务等候中顾客感知的研究述评与展望［J］．东北大学学报（社会科学版），2009，11（6）：483－489．

［49］赵晓煜，曹忠鹏．享乐型服务的场景要素与顾客行为意向的关系研究［J］．管理科学，2010，32（4）：48－57．

［50］赵晓煜，曹忠鹏，张昊．高技术消费品售前顾客教育的作用机理研究［J］．经济管理，2012，34（12）：80－89．

［51］赵晓煜，曹忠鹏，张昊．顾客之间的感知相容性与其行为意向的关系研究［J］．管理学报，2012，9（6）：890－899．

［52］赵晓煜，曹忠鹏，张昊．基于感性工学的服务场景设计方法［J］．东北大学学报（自然科学版），2011，32（9）：1360－1363．

［53］宗文，李晏墅，陈涛．组织支持与组织公民行为的机理研究［J］．中国工业经济，2010，（7）：104－114．

后　记

　　随着经济的快速发展和人们生活方式的转变，我国居民，特别是城市居民的服务消费习惯在不断变化，消费诉求逐渐由功能型向价值型转变。消费者更加重视服务产品所提供的心理利益、情感利益和社会利益，这就对服务企业的经营和管理提出了更高的要求。服务场景是服务产品的重要组成部分，其中的氛围要素、设计要素和人员要素对顾客的服务体验具有显著影响。近年来，人们逐渐认识到在服务消费，特别是享受型和社交型服务消费中，顾客更加关注服务场景中的社会要素，关于服务场景中社会要素的研究也正在逐渐展开。

　　在这样的背景下，作者以"服务场景中的社会线索与顾客行为意向的关系研究"为主题申报了国家自然科学基金并有幸获得批准。在从 2010～2012 年的三年时间里，作者针对上述问题展开了深入研究，取得了一系列的研究成果，并先后发表在《管理科学》、《管理评论》、《管理学报》、《营销科学学报》、《外国经济与管理》等国内重要的管理类学术期刊上。在东北大学"985 工程"建设专项经费的资助下，我们将相关研究成果进行归纳和总结并形成此书。

　　本书重点对物理性的社会要素（如带有社会意义的氛围要素和设计要素）、人员性的社会要素（包括服务人员和其他顾客）、互动性的社会要素（如服务企业提供的顾客教育和顾客支持等）与顾客的趋避行为、参与行为和公民行为之间的关系进行了理论分析和实证检验。上述研究是对现有服务场景研究的有益补充，有助于深化对顾客在服务场景社会要素作用下心理和行为的理解；同时，可以帮助服务企业充分利用社会要素这类可控的管理变量来调动和激发顾客的惠顾愿望，为提升绩效和强化核心竞争力提供有益的启发。

　　随着服务营销研究的逐渐深入，服务场景中社会要素的内涵和外延也在不断地充实和发展，特别是以互联网为载体的网络化服务的兴起，为这一领域的研究提供了全新背景和广阔空间。可以预见，针对服务场景中社会要素的研究必将持续而深入地展开，并将获得更为丰硕的成果。

作者

2012 年 11 月